最高の人生をつくり出す方法

あなたの運命は「意識」で変わる

ディーパック・チョプラ［著］
渡邊愛子　水谷美紀子［訳］

Reinventing the Body, Resurrecting the

Soul:

How to Create a New You

フォレスト出版

訳者まえがき

こんにちは。チョプラセンター認定メディテーション（瞑想）ティーチャーの渡邊愛子です。

本書の前編にあたる『あなたの年齢は「意識」で決まる』と、後編の『あなたの運命は「意識」で変わる』の翻訳を担当させていただきました。

原著は２００９年発売の全米ベストセラー「Reinventing the Body, Resurrecting the Soul : How to Create a New You」（『体を再び発明し、魂を復活させる～新しいあなたを作る方法～』）で、日本語版は前編と後編、言うなれば「ボディ編」と「ソウル編」の二冊に分けて提供されることになったのですが、まだ『あなたの年齢は「意識」で決まる』をお読みになっていらっしゃらない方のために、ざっと前編の内容を（ページ数の関係で目次からの抜粋となりますが）お伝えしておきましょう。

ブレイクスルー3　あなたの意識には「魔法の力」がある

体の意識／あなたが完全に意識的なとき／あなたの意識が条件付けられているとき／条件付けを終わりにする3つの方法／あなたを癒しの道へと導くシンプルな3つの瞑想

ブレイクスルー4　あなたの遺伝子を「改善できる」

変化の種／波長を合わせる、合わせない／波長を合わせること／あなたは自分の体を居心地よく感じていますか？

ブレイクスルー5　時間はあなたの「敵ではない」

進化か、劣化か？／時間をコントロールする／時間をあなたの味方にする方法／流れに戻る前編の流れを知ることで、後編をスムーズに読み進めていただければと思います。ソウル編にあたる本著は「自分の魂をフル活用するためのマニュアル」とも言えるでしょう。魂を上手に活用し、すべてがもたらされる最高の人生を送っていただけるよう願っています。

2016年6月　渡邊愛子

あなたの運命は「意識」で変わる　目次

変化を見守り、変化を賢く利用する／あらゆる源から情報を集める／自分の意図が明確になるまで待つ／個人的なものなど何もない（宇宙はあなたを通して活動している）ことに気づく／他ならぬインスピレーションを求める／ すべてのステップをプロセスの一部と見なす

エピローグ 全体性に至る10のステップ

プロローグ

魂は、あなたの精神的な体

ブックデザイン／小口翔平＋喜來詩織（tobufune）
DTP／山口良二

Reinventing the Body, Resurrecting the Soul: How To Create a New You
by Deepak Chopra

This translation published by arrangement with Harmony Books,
an imprint of the Crown Publishing Group,
a division of Penguin Random House LLC., through Japan Uni Agency, Inc.

魂を持っているということは、あなたの人生や日常において最も役立つことかもしれません。それなのに、これまでのところ魂の主要な特性として「役に立つ」ということがクローズアップされていないままなのです。**魂は「神と自分をつなぐもの」**だと教えられたことがあるかもしれませんが、神が目に見えない存在であるように、魂も目に見えませんから、日常からあまりにもかけ離れた存在となってしまっているのではないでしょうか。

魂のおかげで健康を維持できるのでしょうか。また魂は、あなたが決断を下したり、危機的な状況を打開しなければならないときに役立ってくれるのでしょうか。自分の魂について話したことがあったとしたら、自分の車について話すときとはまったく異なる声の調子で、畏敬《いけい》の念を込めて語ったかもしれません。しかし実際の日常生活では、魂よりも車のほうがずっと遠くまで連れて行ってくれるし、役立っているという人がほとんどでしょう。

魂に何の機能もないように見えるのは、これまできちんと定義されてこなかったからです。だからと言って、誰も世界中の宗教に、魂に関して統一した見解を持ってほしいと期待しているわけでもありません。もしかしたら、魂について非常に現実的な視点を持っている仏教徒たちが正しいように思えてしまうかもしれません――彼らは、もし魂とは何かということを定義できないのなら魂は現実ではないと主張し、魂自体の存在を認めていないのです。しかしその考え方は、自分には魂があると信じている何百万という人々にとって満足のいくものではありません。同様に、私たちは自分には「心」があると信じていますが、哲学者ごとに心の定義が異なっているという状況なのです。

しかし、逆から考えることによって、魂を休眠状態から復活させることができます。つまり、魂を定義してから魂に何ができるのかを問うのではなく、まずは魂に叶えてもらいたいニーズに目を向け、その後で魂の厳密な定義について思い悩んだらどうでしょう?

魂が行う主なことは、先ほど少し触れましたが、神とあなたをつなげることです。**魂はある意味、電圧を下げる変圧器のようなもの**です。高圧送電線を通って送られてくる電気は、あまりにもパワフルなため、あなたの家に直接届けることはできません。電力が強すぎると、回路全体が即座に燃え尽きてしまうのです。同様に、究極のスピリチュアル・パワーも、私たちの中に直接押し寄せてくると、何かしらの害をもたらしてしまいます。ですからそのパワーを私たちの日常生活に取り入れるには、パワーレベルを下げて調整しなければなりません。魂は、その役割を果たすために存在しているのです。

このような説明は、神の存在が前提となってしまっていますが、神は必ずしも存在しなくてもよいのです。宗教的な信仰に頼らなくても、宇宙は無限と言っていいほどのエネルギーを有していることを私たちは知っています。

大いなる自然は、地球上の生命を維持するために、摂氏何百万度という高温で燃える太陽の熱を逓減《ていげん》することができるようになりました。自然はブラックホールの中心部で時空が呑《の》み込まれてしまうほど凝縮された重力を逓減し、人間の体が安定して存在するのに十分なだけの力を残しました。一瞬にして爆発する電磁気力――地球が誕生して間もない頃、日に何百万回と地表を襲った爆発――が、最終的には、あまりに弱いため検知するにはきわめて精密な機器が必要なほどの、脳細胞の微小な電気発射にまで逓減されるのです（脳の電位全体は60ワットの電球とほぼ同じですが、この電荷は、各脳細胞への割り当てを極小――マイクロボルト単位にしつつ、1000億のニューロンの間で細分されるのです）。

このように宇宙の物理的な力が、人間が受け入れ可能なレベルに合わせて作用するよう劇的に逓減されなくてはならないのだとしたら、神もまた同じく宇宙的な力として逓減されなくてはならないものであるとイメージすることができそうです。しかし、「力」

というのは物質主義的な表現です。神について考えるとき、私たちは、「愛」「慈悲」「真実」「知性」「創造性」といった言葉を用います。どんなスピリチュアルな伝統においても、こうした特性をゼロから無限という測定基準によってとらえています。たとえば不活性な物体は「愛」や「慈悲」を見せたりはしませんし、目で見ることができるような「知性」もありません。そこがいちばん下のゼロ地点です。人間は、愛、慈悲、知性、その他の特性を持ち合わせており、こういった特性を持つ生物は自分たちの他にもいると信じています。それが段階付けの中間領域です。そして私たちが高次元の現実を映し出す際、そこには愛と慈悲が無限にあり、知性はあまりに莫大で宇宙を動かすほどであり、創造性は宇宙そのものを生命体に変えてしまいます。そこが測定基準の最高到達点であり、かつ最も議論の的になる部分なのです。

科学は「高次元の現実」というものを認めていません。人間の脳を越えた世界を見てしまうと、目に見えない領域が始まってしまうからです。ニューロンは目で見ることができるので、科学では「知性はニューロンから始まる」と主張しますが、ニューロンももとをただせば原子に過ぎません。それではいったいどのようにして原子は知性を獲得したというのでしょうか。知性だけでなく「愛」「慈悲」「真実」、その他の人生に意味を与えるすべての特性、つまり私たちが最も大切にしている「心」という側面を、原子はどうやって得たのでしょう。

　魂は、物質主義に作られた障害を避ける術《すべ》を私たちに教えてくれます。しかし驚くべきことに、魂は宗教が要求する信仰心からも私たちを切り離してくれるのです。科学によって作られた障害とは「あらゆるものは物質的でなくてはならない」というもので、宗教によって作られた障害とは「存在しているという直接的な証拠がなくても、目に見えない力を信仰しなくてはいけない」というものです。

　これから説明していきますが、魂は目には見えないけれど存在していることをはっきり確認することができます。**人間の体はエネルギーと意識で構成されている複雑なシステムであり、魂は、その二つの構成要素（エネルギーと意識）から成る、より微細なバージョン**であると定義することができます。魂は、あなたの精神的な体として機能し、「愛のエネルギー」「慈悲のエネルギー」「真実への気づき」「創造性と知性の気づき」を生み出し、組織化します。そうやって魂は、物理的な体が酸素や食料を必要とするように、最も基本的なニーズを満たしているのです。

　魂を完全に図解するとしたら、少なくとも人間の脳と同じぐらい複雑なものとなるでしょう。しかしここでは、非常に役立ちそうなシンプルな図式をご紹介したいと思います。

- 神　＝　無限のエネルギー、愛、創造性、知性
- 魂　＝　逓減されたエネルギー、愛、創造性、知性
- 心／体　＝　人間レベルでのエネルギー、愛、創造性、知性

このシンプルな図式を一目見れば、すばらしい可能性が提示されていることがわかるでしょう。魂は人間が存在している次元に、より多くの神の要素をもたらすことができるのです。**多くの人にとって、神の無限の愛は逓減されすぎている**かもしれません。彼らが**本来経験すべき愛も、ほんの少しだけ味わうにとどまり、そしてその愛さえも、うつろいやすい**のです。ときに愛は、彼らの人生に愛など存在していないように思えるレベルにまで弱まってしまいます。そして、知性と創造性についても同様のことが言えるのです。日々のお決まりの作業、過去から繰り返されてきた条件付け、固定されてしまった反応だけで毎日を過ごしている人は大勢います。しかしだからといって、神の無

限の特性は、人間の次元に到達すると非常に小さくなってしまうものだと思いこむ必要はありません。まわりを見てみれば「愛」「創造性」「知性」を無尽蔵に持ち合わせている人の例は数知れないのです。

たとえば、聖フランシスコやアインシュタイン、レオナルド・ダ・ヴィンチの存在は、人間の可能性が驚くべき高みにまで到達しうることを示しました。ではなぜ、そしてどのようにして、彼らの魂は逓減しても、そのほとばしる天才的な可能性を実現させることができ、一方でその他大勢の人々にとっては、可能性の一滴さえ生み出せなかったのでしょう?

その答えは、魂のレベルにあります。ちょうど肉体的な病気が体の微細なレベルにおけるエネルギー・パターンのゆがみに起因するように、心のあらゆる限界もエネルギーのゆがみに起因しています。そのゆがみはさらに微細な次元における魂のレベルが原因となっているのです。心を独立したものとして切り離して考えるわけではありませんが、体のエネルギーは心の状態しだいです。そして、私たちの思考、信念、希望、大望がなぜ満たされていないのかが明らかになり、その障害を取り除くことができれば、体はさらにもっと解放されることでしょう。

私自身は、魂が生活における実用的な要素となっているとき、私は大いなる感情の解放を感じます。「私は誰？」、そして「私はなぜここにいるのだろう？」という二つの問いは、切り離すことができません。その問いに対する答えとして、キリスト教などの宗教では次のように言うでしょう。

「あなたは神の子です。そしてあなたは神の栄光を反映するためにここにいるのです」

そして科学はこう言います。

「あなたは分子の複雑な集合体です。そしてあなたはそれらの分子が命じることを行うためにここにいるのです」

どちらの答えも、多くの疑問を解決してきた反面、同じぐらい多くのトラブルや苦悩を生み出してきたのではないでしょうか。

宗教とは厄介なものです。なぜなら、宗教は表面的には楽観主義なのですが、その根底は非常に悲観的なものだからです。自分を神の子と見なすこと以上に楽観的なことなどあるでしょうか？　創造の瞬間まで遡《さかのぼ》る神の計画にあなたは属しているのです。この神の計画が開示されるにつれ（少なくとも、西洋キリスト教社会において）、神を愛するすべての魂は罪から救われるでしょう。けれども、この計画の根底にあるのは、暗い悲観主義なのです。その理由は、神は私たちをその罪ゆえに憎むかもしれず、また神の命令に背かぬよう全力を尽くしているときでさえ、私たちはうっかり過ちを犯してしまうかもしれないからです。さらに悪いことに、神の計画には、神さえも防ぐことができない、もしくは防ごうとはしてくれないようなひどい痛みや苦しみの余地があるように見えます。私たちの人生の目的は、神の不興を買わないためにはどうすればよいかという当て推量や痛々しい切望になってしまうでしょう。おそらくその計画は「神のみぞ知る」ものなのでしょう。

科学が提示する既成の答えもまた、正反対の理由で私たちの心を不安にさせます。その答えは表面上悲観的で、根底では私たちが希望を失わない程度に楽観的です。**科学は、人生に目的があるということを否定**します。科学的な考え方では、存在しているものはすべて確固たる法則（重力、エントロピー、弱い力）とランダム性とのはざまで身動きがとれなくなってしまいます。愛や美のような最も大切にされている人生の側面は、脳内のランダムな化学的発火になぞらえられてしまい、自己犠牲や利他主義といった最も価値ある行為は、結局、生存以外の目的を持たない遺伝子変異ということにされてしまうでしょう。実際にそのように固定的で意味のない世界観に従って生きることを選択する人はいないでしょうが、科学はそれ自体が進歩するという信念によって、悲観主義を緩和する楽観主義的な余地を与えているのです。もし私たちが日々学びを深め、新しく発明されるテクノロジーによって人生がより楽なものになれば、科学の悲観主義的な側面は無視することができます。もしその空虚感に耐えられなくなりそうだったら、iPodの音量をあげればよいのです。

魂に近づくための生き方を見つけることは可能です。しかしこの本の前編に当たる『あなたの年齢は「意識」で決まる』(フォレスト出版)の中で体について検証してきておわかりのように、そのためには劇的に新しい考え方に切り替えることが必要となります。私たちは一連の新しいブレイクスルー(突破すること)、つまり科学の不完全な物質主義と宗教の不完全な理想主義に縛られない、新しい現実を基盤としたブレイクスルーを必要としているのです。私たちは今よりさらに愛に溢《あふ》れ、創造的で、幸福で、賢明になるように設計されているのでしょうか? 人生が展開していくにつれ、より愛情深くなる人もいますが、中には逆の方向に向かう人もいます。より賢明になる人もいれば、無知な信条に固執してしまう人もいます。相反するもの同士が、衝突し続けるのです。楽あれば苦ありというように、私たちはよいものも悪いものも受け止めます。そうしなくてはならないからです。このことは、人生の物質的な側面と同様、多くのブレイクアウト（破壊）が非物質的側面においても存在するということを示しています。それぞれのブレイクスルーが、このようなブレイクアウトを克服させてくれます。同時に私たちは、単なる夢想ではない、魂に関する真の知識を得ることでしょう。魂にアクセスすることは、人間の心の最も奥深くにある切望を満たすことなのです。

スピリットを現実世界に呼び戻す

宗教は、**体を「より低次の」物質的世界に追いやり、魂を「より高次の」スピリチュアルな領域に持ち上げるという大きな間違い**を犯しました。魂の働きも、体の働きも、さほど大きな違いはありません。魂も体も同じく、生存を可能にしている意識とエネルギーに関与しているのです。「私は私の体である」ということと「私は私の魂である」ということは、ひとつの真実の表と裏なのです。問題は、私たちは魂とのコンタクトを断絶してしまったということです。魂は、無用なものになるべく創り出されたわけではありません。私たちが魂を無用なものにしてしまったのです。

たとえば病院の待合室に座り、診察の予約時間をそわそわしながら待っている自分の姿を想像してみてください。あなたの目は、窓の外にあるバラの花壇、もしくは一本の樹に惹《ひ》きつけられています。これらの植物がどのようにして生きているか、思いを馳《は》せてみてください。種が成長し始めますが、種の中にはその植物の生命のすべてが詰まっています。成長過程において、バラも樹も、もともと計画された在り方から逸脱しようとはしません。環境と調和し、バラはその美しさを、そして樹はその強さを無理なく自然に表します。しかし人間は、あらかじめ設定された計画に縛られません。私たちには、自分の運命を決めるための自由意志があるのです。

その過程で**私たち人間は、自由意志によって体を魂と分離させるという選択をしました**。体は「罪」と、魂は「神」と同一視され、同様に体は「地」と、魂は「天」と同一視されるようになりました。しかし、働きの点から考えると、そのような区別をする必要はありません。私たちは、バラに体と魂があるなどとは思っていません。バラに関するあらゆること、つまり遺伝子の最も微細な情報からトゲのちくちくしたところまで、ひとつの命として展開されます。とても芳醇《ほうじゅん》で、ヴェルヴェットのようで、薫り高く、色鮮やかなバラの完成形は、まさに今ここに存在しています。もしあなたの魂の、日常生活から切り離されてしまっている「分離状態」を克服することができれば、同じことがあなたにもあてはまるのです。

アダムとイブが追放された、失われた楽園を夢見る必要はありません。**楽園は私たちの内側へと移動し、無限の可能性のビジョンとなった**のです。進化へのチャンスは、まさに今ここに、この体の中にあるのです。あなたの魂は、想像するよりもずっと「神」という完成形に近いのです。日常生活において経験する限定的な「愛」「創造性」「知性」は、潜在している可能性をほのめかしているに過ぎません。

ただし、魂を復活させるためには過去の条件付けが命じることと反対のことをしなくてはなりません。**より高次のパワーへと変化しようとするのではなく、あなたがあなた自身になる**のです。体を置き去りにするのではなく、体をスピリチュアルな旅に連れて行くのです。肉体的な欲望や誘惑を非難するのではなく、魂が住む未知の領域へ入っていきたいという願望に従うのです。

妙な言い方ですが、あなたが魂とのつながりを失ったときでさえ、あなたの体は魂とのつながりを失わなかったのです。細胞は信念を貫いています。**細胞は、あなたが生まれたときから「より高次の」意識を使ってきました。**

こんな実例があります。私たちが脳を、脳全体の10％しか使っていないというのは医学的な定説となっていますが、ある意味、この主張は錯覚といえます。なぜなら使われていない90％は、思考には向いていない領域だからです。グリア（ギリシャ語で「糊《のり》」の意）として知られる何十億という細胞が、適所におさまるよう脳細胞を取り囲んでいるのです。このグリア細胞の数は、神経細胞の10倍にのぼります。長い間このグリアは、セメント内の鉄筋のような、構造的補強を担う程度の役割しか持たぬ、脳内における二流市民のように見なされていました。グリア細胞にはもしかすると秘密の役割があるのではないかと考える人はいませんでしたが、後にすばらしい光景を生み出していることがわかったのです。グリア細胞はハリネズミや星型のように、中心から多くの小さな鎖が出ている形状をしています。

たとえば子宮内の胎児が脳を形成する準備ができたとき、その先には大きな課題がたちはだかります。数百もしくは数千の幹細胞が、必要とされる多くの脳細胞にどうしたらなれるかということです。幹細胞が、必要数に至るまで狂ったように分裂するだけでは十分ではありません（実際には必要数に至るまで分裂するのですが）。脳は多くの領域に分かれており、たとえば視覚や聴覚に関わる神経細胞は、あるべき正しい場所におさまっていなくてはならず、一方で、感情や高次の思考に関わる神経細胞は、正しい方向に向かわねばなりません。

そのためには、それぞれの幹細胞が移動し続ける必要があるのです。その移動距離は、北極から南極までを飛ぶキョクアジサシの飛行距離とほぼ同じぐらいになることもしばしばです。幹細胞の場合、胎児の体中を、ほとんど隅から隅まで動き回ります。移動する幹細胞は、何百万という数が数珠《じゅず》つなぎになり、グリア細胞の鎖に沿って移動するのです。高倍率の顕微鏡で見ると幹細胞の移動を目にすることができますが、ある領域に行く必要のある幹細胞がどのようにして主要路からはずれ、正しい最終目的地へと導くグリア細胞の鎖についていくか、その一方で次の新たな幹細胞の一群がどのように方向転換するかに驚くことでしょう。それぞれの動きに目的があり、そしてガイド役がいます。脳は内から外へと成長し、よって新しい幹細胞は古い脳細胞を通り、組織の層を次から次へと形成します。グリア細胞が、このすばらしく複雑なシステムのガイド役を果たしていることを研究者らが発見したとき、その評価は一気に高まりました。ガイド役を果たした後で、グリア細胞は普通の脳細胞に変化することができるということがわかると、その評価はますます高まりました。

これこそ、スピリチュアルな旅といえるのではないでしょうか。幹細胞は、旅の途中で智慧《ちえ》を身につけながら、より高次の知性によって、あるべき場所へと導かれているのです。あなたの人生は、同じく隠されたパターンに従っていますが、光るグリア細胞の鎖に従う代わりに、自分の魂によって導かれています。魂とは、神の意図が反映された設計図なのです。それは紙に記された設計図が、設計士の意図を反映しているのと同じです。ひとつの細胞に可能なあらゆることが、どこかからやって来ているに違いありません。脳細胞がランダムに動くと信じることはバカげています。もしランダムに動いているのであれば、行き場のない幹細胞が無目的に漂うことになるでしょう。脳細胞には意識と知性があるという最大の証拠は、**脳細胞が意識的にそして知性的に動いている**ということです。

しかし、魂は頭蓋骨《ずがいこつ》の中で起きている幹細胞の旅の範囲内にとどめられるものではありません。魂は内的な導きだけでなく、外的な導きももたらすのです。あなたは椅子《いす》に腰かけている間に、人生を変えるような洞察を得ることもできます。もしくは、偉大な師が部屋に入ってきて、洞察をもたらしてくれるかもしれません。あなたの内側で起こる出来事もあれば、あなたの外側で起きる出来事もあるのです。しかし、どちらの出来事も意識に変化をもたらすものです。一度魂に再接続すれば、あなたはごく限られた次元だけに制限されることはなくなり、すべての次元が同じく拡張し続ける意識に向かって開かれます。そしてすべての次元において、導きがあるのです。

脳とのつながり

魂に関する最も現実的な考え方は、それをコネクター（接続部）ととらえることです。しかし、もし魂の役割が、あなたの人生や日常における微細で目に見えない次元とつながることだとしたら、あなたの魂と体との連結点がいくつか必要で、とりわけ脳との連結点が必要なのです。目下、脳は魂にとっての大きな障害です。神経学者たちは愛という目に見えない領域について説明をする必要性を感じませんが、恋愛中の人々の大脳皮質や辺縁系はさまざまな箇所が光っていて、恋をしていない人々のものは光っていないことを示す脳スキャンの結果を提示することができます。恋愛というのは、結局、「電気と化学物質の燃焼」ということになり、遺伝学者たちは恋をしている状態とは恋愛遺伝子（まだ発見されてはいませんが、研究は続けられています）の仕業であるととらえています。

ですから、愛はより高次の場所から来るということを証明するのも私たちしだいなのです。もし、脳が頭蓋骨内で電気化学のスープから愛を創り出すということを受け入れたくなかったとしても、愛がどこか他の場所からやって来るという証拠はどこにあるのでしょう？　慈悲の瞑想《めいそう》を実行した結果、「慈悲深い脳」を発達させたチベット仏教の僧侶たちの例（『あなたの年齢は「意識」で決まる』59ページ）に戻ってみましょう。そこでは**精神的な特性が、物質的・身体的な顕現へと変容し、体と魂の分離は消滅した**わけです。サンスクリット語のＤａｙａという言葉は「慈悲」と「日常における共感」という二つの意味を持っています。脳は「共感」によって非常に変動するものであることがわかっています。ニューメキシコの監獄で撮られた機能ＭＲＩを見ると、精神鑑定で高スコアを出す受刑者は脳機能にゆがみが見られることがわかります。精神異常者は、通常あるはずの共感能力が著しく劣っているのです。彼らは良心を持たず、自分が行っていることに心の痛みを感じることなく、残酷な行為をすることができます。ナイフによる傷から血が流れるのを見ることは、ステーキから肉汁が出るのを見るのと同じぐらいどうということのない行為というわけです。

精神異常者の脳を慈悲深い脳に変えることはできるのでしょうか？　それはまだわかっていません。精神科医は、薬を使っても、従来のカウンセリング療法を行っても、精神異常者を変えることはできないとおおむね諦《あきら》めてしまっています。しかし脳は可塑《かそ》性《せい》に富んでいるため、どのような道徳的状況をも受け入れることができ、またどんな意識状態も脳内での変化が必要であるということは解明されています。自分は慈悲深いとただ思うだけでは効果がないため、「慈悲深さ」というのは気分でも、道徳教育でも、倫理的義務でも、社会的理想でもないのだという結論になります。それは脳自体が存在するために微細な次元を必要としているのですが、そういった脳の微細な活動なのです。**脳は単独では変化を生み出すことはできませんので、あなたの意図に順応しているだけ**です。このことは、微細なエネルギーを人間の次元にまで落としこむ際に魂が行っていることについて、もう少し洗練された構図を示してくれています。あなたが自分の人生で望んでいるものを何かあげてみてください。あなたの魂には、それを実現させるための可能性が含まれています。あなたの心は、その可能性を「望み」「夢」「欲求」「欲望」「願望」の次元にまで持ってきます。そしてあなたの脳は、その結果を生み出すのです。あなたは、自分が望むものをどうやって得るのか、わかるようになるのです。

その全体像は、左記のシンプルな表現に要約されています。

- 魂は、可能性を含んでいる
- 心は、意図を持っている
- 脳は、結果を生み出す

これは、人生の基本的なフローチャートです。科学が信じるところの「あらゆることは脳内で始まる」という点を覆すものです。身体的次元から始まらなくてはならない理由はどこにもありません。脳は神経回路網を形成することによって新しいスキルを身につけますが、変化そのものへの欲求はどこか他のところから来るはずです。もしもあなたが「慈悲深くなる」ということを、「ヴァイオリンを弾けるようになる」といったスキルと同様にとらえるなら、まず「慈悲を身につけたい」という欲求によって促されなくてはなりません。このことは、魂の持っている最も有益な役割についての洞察を私たちに与えてくれます。つまり**魂とは、より高次へ到達したいという意欲を喚起してくれる**ものなのです。

有益な魂は「進化する」というビジョン、願望、そして意志を私たちに与えてくれます。あなたの心は、そうしたビジョンを、思考と欲求の領域へと伝えます。あなたの脳はそのメッセージを受け取り、それを物理的に形成し始めるのです。このプロセスは、新しいスキルを学んだことのある人にとってはお馴染《なじ》みのものです。しかし、たとえば今、何かを学ぼうとしたら、私たちは思考と欲求を意識するだけで、脳には簡単にアクセスすることはできません。脳とは、ちょっと中に入って、手で結合のための再配線をすることなど不可能なものだからです。物理的な次元は、私たちが思考し始めると、自動的に動きます。また魂の次元にもアクセスすることはできません。私たちは自転車の乗り方について神に問うことはしないでしょう。私たちの祈りが起こる「分断された領域」、スピリットと呼ばれている領域でのみ、私たちは神に問いかけていると言えるでしょう。しかしそのように分断する必要はありません。あらゆるスキルは、最も世俗的なものから慈悲のような崇高なものに至るまで、同じプロセスをたどります。それは、体と魂に同時に反響する、心理的なプロセスなのです。

左記は、そのプロセスに関するステップです。

1 純粋に興味を抱く
2 自分の興味を自発的に追究する
3 向上するまで練習する
4 新しいスキルを修得するまで練習し続ける

シンプルなステップですが、どれも意識からのインプットを必要とします。プロセス全体は、脳だけによって生じるわけではありません。

ステップ1の「純粋に興味を抱く」ためには、**インスピレーションが必要**になります。自己欲求を満たすことによって突き動かされる社会においては、成熟して心理的にも十分成長した人々でさえ、慈悲に興味を抱くことはめったにありません。しかし、もしもあなたが、仏教やキリストの教えなどに満ちた、慈悲についての伝承を読めば、インスピレーションは自然に湧いてきます。勇気ある救助活動での慈悲深い行動や、人々が苦しんでいる場所に派遣される救援団にあなたが感動するときも、同じことが起こります。

ステップ2の「自分の興味を自発的に追究する」ためには、**内面へと向かうことが必要**とされます。なぜなら、内面の風景とは、慈悲の国に他ならないからです。自分の内側に共感が存在している場所があることにいったん気づくと、それ自身が表現したがるようになります。共感は、もしかすると不快な気持ちをもたらすかもしれません(compassionという言葉自体、「ともに苦しむ」という意味を持ちます)。ですから、他人の苦悩に背を向けたいという自然な衝動を克服しなくてはなりません。しかしある人たちにとっては、慈悲によって一種独特な種類の喜びが引き起こされるのです。

ステップ3の「向上するまで練習する」ためには**鍛練が必要**です。なぜなら、エゴが絶えず要求してくる、慈悲に背を向けるよう誘惑する古い条件付けの中で、専念し続けなければならないからです。快楽は本質的に自己本位なものです。だから、葛藤《かっとう》なくして慈悲を見出すことはできません。

ステップ4の「新しいスキルを修得するまで練習し続ける」ためには、**忍耐が必要**です。なぜなら、慈悲を妨害する多くの内的な力と、外的な力が存在するからです。より高次の意識は変化することを強制しません。より高次の意識は、新しいパターンがとって代われるよう、古いパターンを消し去りますが、そのためには時間がかかります（発展途上国の災害のため、現地へ行ったことのある救援活動従事者に聞いてみてください。現実の衝撃的な惨状を目の当たりにした途端、彼らの理想主義は消え去ります。そして絶望、挫折、無感覚という段階を経ていきます。しかし表面下では、新たな強さが形成され、それは、苦しみの外的な光景に順応するだけでなく、もっと強い共感へと発展するのです）。

この全体像は、意識の中で始まって体に到達する、私が「微細な行動」と名づけているものについての洞察を与えてくれます。微細な行動は、慈悲深い人と慈悲深い脳の間にある境界をなくします。それぞれが互いを必要とし、それぞれが単独では不十分なのです。異端的に聞こえるかもしれませんが、仏陀とキリストを創り出すには、微細な行動が必要でした。彼らは、普通の人々がたどるのと同じステップを経ることによって、自らの中にゆるぎない慈悲を確立したのです。おそらく仏陀とキリストは、脳を変容させなくてはならないと認識していなかったでしょうが、より高次の意識の作用については確信していたでしょう。少なくとも、**脳を変化させずに慈悲深くなることは一時的な結果に過ぎず、うつろいやすい**ものです。私たちはみな、共感するという能力を持って生まれてきているため、脳は、この能力を魂の次元にまで拡張させるという次の指示を待っているのです。

魂を信頼する

意識は魂からやって来ます。しかし自分は魂から導きを得たこともないし、ましてや変容を経験したことなど一度もない、という人はたくさんいるでしょう。何世紀もの間、人間は、より高次のパワーが存在するという兆候を求めて祈ってきました。実際こうした兆候は至るところに存在しているのですが、内なる導きと外的な導きとの間には微妙な違いがあります。ある人にとっての洞察は、別の人にとっては神から受け取るメッセージだったりします。また、ある人が見た内なる光は、他の人にとっては天使だったりします。**魂の領域においては、どちらの解釈も正しい**のです。

外的な導きは、「スピリットが存在する最大の証拠は物質的であること」と信じる人々のもとに現れます。危機に際して地球に降りてくる天使や守護神の救いにまつわる伝説は数限りなく存在します。こうした話の多くは目撃談です。たとえば、ひどい大嵐の中、ひとけのない道で立ち往生している旅行者が突然ヘッドライトの灯を目にします。見知らぬ親切な人が降りてきて、タイヤを換えたり、キャブレターを修理したり、もしくはブースターケーブルをつないでくれたりします。そしてこの恩人は次の曲がり角で姿を消し、感謝でいっぱいの旅行者は、天使との遭遇について報告するのです。

私は、テレビで観た一場面に心を強く打たれました。それは、「天使の介入」について語っていた、ある女性の体験談でした。彼女はクリスマスなのに孤独でお金もなく、面倒を見なくてはいけない子どもも二人いました。失意の中、今年はツリーの下に置くプレゼントも七面鳥も、お金がなくて買えないので、わが家にはクリスマスはやって来ないと子どもたちに話しました。するとクリスマス当日、ドアをノックする音が聞こえました。親切な隣人が、親子を部屋に招いてくれたのです。そして彼は、子どもたちのために豪華なテーブルいっぱいに並べられたごちそうとプレゼントをふるまってくれたのです。若い母親は、この隣人を見かけたことはなかったのですが、その親切にどう対応すればいいのか困惑しました。数日後、お礼をしようと彼の部屋のドアをノックしたところ、そこは空き部屋でした。彼女は管理人室に行き、その住人がいつ引っ越したのか尋ねました。すると、その部屋は数ヶ月間、空いたままだというのです。管理人は、彼女が描写する男性を見たこともありませんでした。

このような本人の証言について、信じる信じないということは問題ではないと私は思います。どちらにしても、確かな証拠などありません。信じない人々は、天使は存在しないということを証明しなくてはなりません。信じる人々は、天使の姿をカメラでとらえなくてはならないでしょう。しかも、今のところこの領域においてまだ成功できたケースはありません。しかし、たとえ証拠を得ることができないにしても、このような話が常に現れてくるのをせき止めることはできないのです。もっと大切なことは、**スピリチュアルな世界は、天使に頼っている限り近づくことができない**ということです。もしも天使が現れなかったら、どうなるのでしょう？　それこそ、内なる導きが価値あるものであるゆえんです。なぜなら内なる世界は決して遠い存在ではないからです。

自分の意識から来る内なる支援がないと、あなたは非常に弱い立場に取り残されることになります。精神医学におけるある事例を紹介しましょう。一人の中年女性が、眠ることができず、恐ろしい考えにとりつかれ、興奮状態でセラピーを受けにやってきました。数ヶ月前まで彼女は幸福で何のトラブルもありませんでしたが、ある夜、一人でレストランから出て歩いていたとき、ひったくりが走って来て、ハンドバッグをとられてしまったのです。男は彼女の体にほとんど触れなかったので、身体的に傷つけられることはありませんでした。バッグの中身もたいしたことなく、財布に入っていた少しばかりのお金を失ったぐらいのことでした。

「ひどい強盗に遭わなくて自分はラッキーだった」と彼女は自分に言い聞かせました。しかしその後数週間で、こうした冷静な元気づけの言葉も砕け散りました。彼女は生まれて初めて危険を感じ始めたのです。出来事を反芻《はんすう》し続け、そのイメージはますます恐怖を強めました。強盗の被害者のほとんどが、もはやかつてのように安全だと感じることはなくなり、残存する不安感を経験します。しかしこの女性は、より深刻な不安に陥ってしまったのです。セラピーにおいて、彼女は自分が根深い死への恐怖を隠し持っていたことに気づきました。彼女は、自分は死なないと信じることで、安心感を無理に感じようとしてきました。自分の死について考えたこともないまま、未熟な感覚で年を重ねてきたこの女性にとって、死なないという幻想が崩れ去るには一回のショックで十分でした。そして、より暗いエネルギーが、潜んでいた場所から流れ出てくる道が開かれてしまったのです。

この話は私にとって皮肉なのですが、それは人とはそもそも死なないからです。不死身という幻想がその真実を覆い隠してしまっていますが、魂は、神を人間の次元にまで引きおろし、有限の命という見かけを私たちに与えます。しかし、魂こそがあなたなのです。魂が存在するという事実によって、誕生と死のサイクルを超越している自己という側面が私たちに与えられます。天使の伝説と、魂に関する伝承を、分けて考える必要はありません。私たちがしなくてはならないのは、宗教が、服従・信仰・神学上のドグマを持ち込んで織り上げた神秘の呪縛《じゅばく》を解くことです。なぜならその呪縛の中では、決して休むことなく常に身近に存在している、自分自身の内なる導きを見出す能力が失われてしまうからです。

この呪縛を解くためには、個人的な経験に頼らなくてはなりません。魂は試すことができます。**あなたは、自分の魂の実験を通して結果を出せるよう、魂にお願いすることができます。**実際、本書で紹介するすべてのブレイクスルーは、より高次の意識とは信用できるものであるということを証明するための自己実験なのです。もし最初に行った実験で肯定的な結果が出たら、次の実験を行ってください。それがうまくいったら、また次の実験へと進んでください。これが魂を復活させるための最も現実的な方法です。魂が有益なものになればなるほど、魂は宗教的ドグマとしてではなく、あなた自身の一部としてより現実的な存在になるでしょう。

あなたの人生において

──魂に導いてもらう

常にあなたの中に内なる導きが存在しているのだとしたら、なぜそれに気づかないのでしょう。実は、あなたは気づいているのです。どんな願望も、あなたをある一定の方向に導いています。どんな思考も、未来や過去に関することです。人生に目的がある人は誰でも、たとえその目的がその日をなんとかやり過ごすという限定されたものであったとしても、自分の内なる導きに従っているのです。真の問題は、その導きがどれぐらい賢いかということです。**あなたの魂は、完璧《かんぺき》な導き役になる潜在能力を持っています。**それにはまず、あなたの心をより繊細な次元に順応させなくてはいけません。すると脳がそれに応じて適合するのです。これは、すべての変化を司っている生命の流れです。導かれるということはプロセスであり、現時点で自分がそのプロセスのどの地点にいるのか――始まりなのか、中間地点なのか、ゴールに近いのか――がわかることでしょう。

プロセスの始まりの地点では、ほんのわずかな導きを垣間見る程度でしょう。たいていこうした導きは、**たまたま起こった出来事や、ラッキーな偶然の一致**のように見えます。あなたは自分に利益をもたらすような決断をしたと思いますが、いつも行う選択とは違って、まるでそうなることになっていたかのように、この決断は正しいという確信が伴います。私たちは皆一度や二度はそのような感じを抱いたことがあるものです。そしてあなたには選択肢があります。「起こるべくして起こったという今までで最も不思議な感覚があった」と思うだけで、その後はいっさいそのことについて考えなくなってしまうか、または立ち止まって、起きたことをもっと詳細に観察してみるという選択肢です。どのような選択をするかは、自分の導きに耳を傾け始めるかどうかで決まるのです。

プロセスの中間地点では、探求はさらに緊急かつ重要なものになってきます。**あなたはさまざまな状況が自分にとってよい方向に向かうのを繰り返し見てきました。**「神が味方してくれている」とか「運命の女神がこの瞬間私に微笑みかけてくれている」といったような漠然とした感覚に甘んじるのではなく、もっと積極的・能動的に関わるようになりました。あなたはもっと個人的な質問をするようになります。

「なぜこのようなことが私に起こったのだろう？」
「誰が、もしくは何が、私を見守ってくれているのだろう？」
「もしかしたら見守っているのは自分自身なのだろうか？」

インドの聖者であるリシたちと同じような答えをあなたが見出せるという保証はありません。リシたちは、私たちが魂と呼んでいるハイヤーセルフ（高次の自己）とは、神や運命をも含む、あらゆるものの源であると結論づけているのです。

今日、ほとんどの人々は傍観者の立場をとっています。「神は報酬をくださるがゆえに崇拝されなくてはならない」という確固たる信念を形成する人々もいれば、日常生活には影響のない、漠然とした信念として神をとらえる人々もいます。とどのつまり、**神の報酬とは、神の懲罰があるのではないかと不安にさせるものでもある**のです。俗世界において、因果関係はそのような超自然的なものに根差して作用したりはしません。人は成功を得、失敗を避けるために実用的な手段をとりつつも、傍観している状態ではいつか神が何か悪いものを送りこんでくるのではないかと心配する余地ができてしまうわけです。

プロセスの最終地点は、あなたが傍観するのをやめたときにたどり着きます。**神や運命を真摯《しんし》に信じていても、手綱を握っているのはあなた自身**です。この段階において、導きはあなたが認識している自分自身の一部となり、あなたが意識的に行っている旅そのものとなります。あなたはUpaguru（ウパグル）の真実を理解します。それは、グル（導師）はあなたの内側にいるので、あらゆる瞬間に導きは存在するという状態です。その先生はあなたのすぐそばにいるのです。私がこれをプロセスの最終地点と呼ぶとき、それは終わりという意味ではなく、成熟した状態という意味です。導かれるプロセスは完全に明らかになり、どの段階においてもそれを最大限に活用することができるようになります。

最終地点に到達する方法

- 自分はより高次の意識へと向かう旅路にあることを認識し、それを受け入れる
- 瞑想、熟考、その他の手段を通じて、意識を拡大する
- シンプルに、真摯に、導きを求める。そしてそれが現れるのを待つ
- 自分の最上の直感を信頼する

導きは「恐怖」「虫の知らせ」「前兆」「疑惑」「うぬぼれ」というかたちをとってやって来ることはありません。私たちの身近にあるこれらすべてのことは、個人的な成長の次の段階への道しるべとなる真の導きを曇らせてしまうのです。

よっつめはきわめて重要なのですが、同時に用心しなくてはなりません。私たちは皆、悪いことが起きると「そうなるんじゃないかと思っていた。嫌な予感がしていた」と言って、後から反応します。しかし、それは導きではなく「それ見たことか」という不安の声なのです。**導きと不安の違いは、真の導きは決して恐れない**ということです。あなたの魂は、「気をつけて！　今から悪いことが起きるから」などとは言いません。魂は、事態が悪化する前に、その状況から抜け出せるよう導いてくれます。ときにはまったく兆候さえない場合でも、危険から身を守ってくれたりします。恐怖の声は、このようなことは決してやってくれません。なぜなら恐怖とは、現実であれ、想像上であれ、差し迫った脅威に反応するからです。大切なのは、恐怖の声をやり過ごすことです。というのも、恐怖とは、あなたを内なる自己から遠ざけてしまう防壁の一部だからです。「守られている」という幻想と同じく、恐怖とは「常に危険にさらされている」という幻想なのです。真の導きは、こうした幻想をとりはらい、現実にとって代えてくれます。あなたは内なる導きを有していて、それは信頼できるものです。こちらのほうの現実を作動させるためには、魂がどのようにして日常的な自己につながるのか、さらに深く探求していきましょう。

まず魂と体を結びつけているのが心ですので、**あなたの心が魂に対して開かれているか**閉じているかによって大きく違ってきます。完全に開かれた状態でいると、導きや防壁をはるかに超越し、心は無限の可能性を感じることができます。しかし閉じた状態では、心は現実を誤ってとらえてしまいます。心は、ランダムで、非個性的で、安全ではない世界を創り出します。私たちは皆、そうした世界で無意識に人生をスタートさせるため、最も緊急の課題とは、その幻想の殻を破ることなのです。より高次の意識は、あらゆるスピリチュアルな伝統において恩寵《おんちょう》や神の摂理として約束されているような贈り物を与える準備ができています。人生の流れにおいて、そのような贈り物は、努力しなくても、いつでもあなたに与えられるようになっているのです。

breakthrough #1

もっと楽に生きる方法がある

ひとつめの魂のブレイクスルー（突破）が起きると、以前は難しかったことが、楽にできるようになります。**魂につながるのは呼吸をするのと同じぐらい簡単**で、なおかつ自然なことです。世論調査での「あなたは魂があると信じますか？」という問いに対し、90％近い回答者が「はい」と答えます。けれども、その統計は誤解を招く恐れがあります。というのも、自分の魂を実際に経験したことのある人はほとんどいないからです。彼らはスピリチュアルな旅をすることを避けています。なぜなら、道中には多くの犠牲が出て、とても困難な旅になるだろうと予測されるからです。でも、それは日常生活も同じことではないでしょうか？（80年代の大ベストセラーのひとつ、M・スコット・ペックの『愛と心理療法』（創元社）は、「人生は困難なものである」というシンプルなフレーズで、何百万人という読者をとりこにしました）

実際に魂につながることは、あなたが今まさにやっているどんなことよりも簡単なのです。むしろ魂を遠ざけておくことのほうが、努力が要るほどです。無理にあがくことをやめれば、魂に至る道が自動的に広がります。あなたが達成したいと思うすべてのことが、自然に展開していきます。これこそ、イエスが「求めよ、されば与えられん。門を叩《たた》け、さらば開かれん」という言葉によって伝えたかったことなのです。

日常生活において障害に遭遇したら、自分の内側にある障害をまずは片づけなければなりません。なぜなら**内側にある障害が、魂・心・体への生命の流れを遮断しているか**らです。流れが遮断されなければ、魂が与えてくれるはずのものがすべてもたらされるでしょう。魂は経路を開いてくれるのです。何かについて真実を求めれば、その真実が見えてきます。問題の解決法を求めれば、その解決法が現れます。だからこそ仏教では、どんな疑問もその疑問が生じた瞬間に答えはすでにそこにある、と説かれているのです。

意識の経路が閉じると、一時的に遮断されることになります。気をつけなくてはならないのは、こうした遮断の多くが気づかぬうちに起きているということです。私たちは皆、「人生は困難なもの」ということに順応してしまっています。その理由は、それ以外の可能性を見つけられなかったからです。血管全体が詰まってしまうまで動脈壁にたまるプラークのように、苦闘と試練の積み重ねは、ごくゆっくりと起きているのです。

私がこのことを思い出したのは、空港で乗り継ぎ便を待っているときでした。それは数年前のことです。娘のマリカには、私の初孫にあたる、ターラという二歳の女の子がいました。私は空港での退屈さを紛らわすために、よくターラに携帯から電話をかけたものでした。それは私たち二人にとって楽しい儀式となりました。私は孫に自分の声だとわかってもらえるのが嬉《うれ》しく、二歳児にとっては電話は魔法のようなオモチャだったからです。

電話を切ったとき、クタクタに疲れ切った若い女性が、飛行機に乗り遅れまいと私のいるあたりに向かって走ってくるのに気づきました。彼女は二人の幼児を連れており、時間に遅れそうな上に大荷物とベビーカーも抱え、すっかり途方に暮れていました。そんな状況のせいで、幼子たちはついに泣き始めました。彼女が子どもたちをチェックインカウンターへ引きずって連れて行くのを目にしました。けれどゲートは閉まってしまい、次のフライトまで待たねばならなくなったのです。彼女は、家にどうしても帰らなくてはならないのだと懇願しました。長い一日の後で、すっかり憔悴《しょうすい》しきっているのが見てとれました。

しかし、カウンターの職員はかたくなでした。決まりは決まりです。乗客は少なくともフライトの十五分前にゲートに到着しなくてはなりませんでした。失望し、泣きわめく子どもを抱え、女性はその場を去りました。声が届かない程度の距離ができたとき、その職員はアシスタントに向かってこう言いました。

「私に何ができたというの？　どうすることもできなかったわ」

アシスタントは、まだその若い母親を見つめていました。

「世知辛い世の中ですね……」

彼女は首をふって、言いました。

ターラの無邪気な喜び――そして彼女が私の中に喚起した喜び――と、この若い母親が味わったような恒常的な困難が、不可解に混じり合ったものが人生です。私たちは、どちらか片方を選んでいるという自覚はありませんが、実際は選んでいるのです。なぜなら人生が始まったときには、誰もがターラのように無邪気だったからです。悲劇は、私たちは若いうちから、しかも無邪気さとシンプルさを決して失うべきではないと自覚できないような若いうちから苦労を知ってしまうことです。**無邪気さの中でだけ、魂のギフトを受け取ることができる**のです。生き延びるためには苦労がつきものだと一度受け入れてしまうと、その仮説はあなたにとっての現実となります。そして仮説はそれ自体のエネルギーやそのような出来事を集めてしまいます。あなたの脳は、すぐに順応するようになっているので、脳がいったんそのように条件付けされると、あなたがその条件付けから逃げない限り、世界の見え方、感じ方、聞こえ方が固定されてしまうのです。

魂に波長を合わせる

体には意識があるということを、本著の前編にあたる『あなたの年齢は「意識」で決まる』でお話ししました。その意識に波長を合わせることによって、気づきを増すことが可能です。波長を合わせることは、魂への経路をクリアにする方法です。実際には、**自分が成長・拡大するという選択をした時点で、魂に波長を合わせていることになります。**一方で、波長が合わなくなると魂とのつながりも遮断されます。意識を収縮させることを選択するたびに、魂への経路がぎゅっと閉じられるのです。誰もがこの両方の状態を経験します。私たちが魂について語ることがあれば何か神秘的なものとしてとらえがちですが、魂につながるということが日常の経験として起こるようになるのです。

波長が合うと……

- ものごとが自分にとってスムーズに運ぶ
- 静かな確信に満ちる
- 答えが明白になる
- すべてがうまくおさまる
- 状況と調和がとれていると感じる
- 相反する要素と共存できる
- どんな可能性にもオープンでいる
- 自分のことも他人も裁かない
- 自分は全体の一部だと感じる

もしこのような状態ではなく**イライラするときは、あなたは魂とつながっていません。**そうした状況もまた、日常的な経験としてやってきます。

波長が合っていないと……

- ものごとが自分にとってスムーズに進まない
- 混乱し、確信が持てない
- 答えは明白でなく、右往左往する
- すべてが混乱している
- 状況と同調していないと感じる
- たくさんの障害がある
- 自分の内側では葛藤している
- 出口を見つけるのが難しいと感じる
- 自分や他人を責め続ける
- 自分は不完全で、何かが欠けていると感じる

このような二つの極端な状態を絶対的なもの、もしくは永遠の状態だと思わないでく

ださい。私たちは皆、日常の中で魂と波長を合わせていたり、合わせていなかったりします。意識はストレスを受けると、体のストレス反応と同様に収縮します。ここでの目的は、決して途切れることのない永遠のつながりを築くことです。そこまでは叶わなかったとしても、**人生を変えるほどの非常に深遠なつながりの瞬間に到達することはできる**のです。

そのよい例として、ある友人が最近私に話してくれた出来事があげられます。彼の話とは、意識が突然拡大したその瞬間についてでした。

「私はバックパックをかついでヨーロッパを放浪していました。まだ二十六歳で、人生は永遠に続くバケーションのようでした。仕事は、次の旅費を稼げるぐらいの短期間のアルバイトをしていました。

このとき私は飛行機のキャンセル待ちをしていたので、最後に搭乗しました。そして、読書をしていた男性の隣の席にドスンと腰を下ろしました。私たちは互いに目を合わせることもなく、飛行機が離陸しました。

すると、なぜか漠然とした不満を感じ、むなしさに襲われたのです。私は驚きました。一般的に考えても、ヨーロッパを放浪できるなんて人生で最も幸せな局面のはずです。でもその瞬間、私には自分にこう問いかける声が聞こえたのです。

『おまえは何をしているんだ？　これはまったくの時間の無駄だ』

と。

そして、本を読み終えた隣の男性が私のほうを見ていることに突然気づいたのです。

『どうかされましたか？』

彼は言いました。私はびっくりしました。でもなぜだか、その質問をかわす気にはなれませんでした。話のわかる人のように見えたので、私は自分の身に起きたことを説明したのです。彼は、自分の意見を聞きたいかと尋ねました。私は聞きたいと答えました。

『決断すべきときがやってきたのです』

彼は言いました。それは思いもしなかった答えでした。

『どんなたぐいの決断でしょうか？』

私は言いました。

『あなたは、大人になろうとしているのです』

彼は少し微笑みを浮かべていました。でもとても真剣なことがわかりました。

『なぜわかるのですか?』

私は尋ねました。

『なぜなら、私にも同じことが起こったからです』

彼は言いました。

『ある日、ただ気づいたんです。自分は大人だ、と。私は一線を越え、もう戻ることはできませんでした。同じことがあなたにも起こったのだと思います』」

友人は首をふりながら言いました。

「彼は正しかったのです。私はそれまでそういったことについて真剣に考える必要さえありませんでした。

青春はもう終わりだと感じ、家に戻りました。物置にバックパックを片づけ、短期のアルバイトをやめ、仕事に本気で取り組み始めたのです」

「それは、珍しいことではないですよ」

私は指摘しました。

「そうですね。誰だって、いつかは大人にならなくてはいけないですよね。でも、不思議なのは、それが、突然私の身に起こり、そして私に何が起きているか知っている人と隣り合わせ、互いに経験した同じ瞬間を共有したということなのです」

これは、高次の意識がどのように日常生活に現れるかという例です。表面的には、あなたの心は思考と感情に完全に占領されています。朝目覚めた瞬間から、感覚や考えで頭はいっぱいになります。しかしあなたの人生において、眠っていた遺伝子が突然活性化するのと同じように、潜んでいたパターンが目覚めることがあります。**あなたは不意に気づきを得て、その瞬間にあなたの全人生が変わりうる**のです。

しかしほとんどの人にとって、人生の軌道変更はそんなに劇的なものではありません。それは独自のリズムとタイミングによって展開するプロセスなのです。それでも展開するプロセスが速かろうが遅かろうが「気づき」とは神秘的な出来事です。あなたは、**自分がそれまで知らなかったことを今は知っているという発見**をします。古い見方が突然新しい見方にとって代わられます。心理学者たちも示しているように、二十代初めから半ばのある時点でティーンエイジャーから大人へと変化する「アイデンティティの危機」のような、人生の重要な変化に関する大まかなガイダンスがあったりします。また青年期の終わりにパニック状態になって、もう一度若くなりたいという強い衝動が生まれる「中年の危機」というものも存在しています。

こうしたターニングポイントに顕著な特徴としては、**人生の意味が変わる**ということです。そして実際に人生の意味が変わるとき、その変化はチャールズ・ディケンズの『クリスマス・キャロル』の中でクリスマスの日に利己主義から利他主義へと変貌《へんぼう》したスクルージのように、驚くほど劇的なものになり得ます。突然恋に落ちたり恋に破れたりするとき、または何十年間もの不信仰の後に突然宗教に目覚めるとき、もしくは会社に出勤して、充実したキャリアが一夜にして失われたことを知るとき、意識は大きく変わるのです。もし人生の意味が根底から変わったとしたら、**より高次の意識が魂の次元からあなたの人生へと流れ込んだ**ということなのです。

愛という経験について考えてみてください。愛とは、肉体的な愛でも感情的な愛でも非常に強烈なものであり、目に見える世界では愛は激しいものとして経験します。恋をしている状態は、相手の性的そしてロマンチックな魅力によって喚起されます。胸は高鳴り、脈拍も速まります。日常生活のありふれた活動は、恋に落ちるという陶酔状態に比べたら色褪《いろあ》せてしまいます。この激情があなたに押し寄せている間は、それを純化しようとしても無理な話でしょう。しかし、もっと落ち着いた状態においては、愛は母と子の間の愛がそうであるように、もっと安定していて純粋です。もっと純化させ続ければ、「慈悲」として知られる人類愛が生じるでしょう。美しさへの愛、真実への愛といった、抽象的なものを土台にした愛は、さらに純粋です。最も微細な愛の本質に到達する数少ない人々にとって、愛とは最終的に神の領域になるのです。すべての愛が、この高貴な目標に到達するわけではありません。大事なのは、意識がさらに繊細に、微細に、純粋になるまで純化するプロセスなのです。人生の身体的側面は消えないため、あなたは相手をそれまでと同じように愛するでしょう。しかし同時に、愛のより高次な側面を感じるようになります。それはあたかも、**あなたが体の中で生きつつも、同時に体を超えてものごとを見通しているようなもの**です。

魂に波長を合わせるためには、このような浄化のプロセスを経なければなりません。

しかし、それができなくなってしまっている人が多いのです。そのために、魂とは難解で、遠い存在であり、おぼろげで、超然としたものであると感じてしまっています。物質主義者たちからは、魂は「機械の中の幽霊」と言われるようになりました。魂は幽霊ではありませんし、体は機械ではないため、これは二つの間違ったイメージが結びついた表現です。この食い違いは、キリスト教における罪や不服従についての問題ではありません。アダムとイブは魂を失ったとして罰せられるようなひどい罪を犯したわけではないのです（熱心なキリスト教徒はこの点について猛然と抗議するだろうことは承知の上ですが、俗世界においては、われわれがアダムとイブの大罪を受け継いでいると感じる人はあまりいないということは確かなようです）。

たとえあなたが敬虔《けいけん》なキリスト教徒だとしても、旧約聖書において神が使者を地上に送り、その使者は次のような言葉を用いて「神を聖堂にもたらすだろう」という約束をしている点は興味をそそられるはずです。その使者の言葉とは、次のようなものです。

「その来る日には、誰が耐ええよう。彼は金をふきわける者の火のようであり、布さらしの灰汁《あく》のようである。彼は精錬する者、銀を清める者として座し、レビの子らを清

め、金や銀のように彼らの汚れを除く」(マラキ書3章2－3節)

言い換えると、**人生において神が現実の姿をとる前に、人は純化のプロセスをたどらなくてはならない**のです。

無理なく変化すること

あなたの心が、何の障害も遮断もなく「今この瞬間」に完全に存在できることが理想的です。それを実現するためには、脳が変わらなくてはなりません。**脳は体の一部ではありますが、独自の癒しのメカニズム**を持っています。しかし一度古い条件付けが脳内にできあがってしまうと、それは神経ネットワークの一部となります。魂の観点からすると、こうした刷り込みもすべて変化する可能性があります。気づきが起こり、そしてそれが脳内でどのように配線されようと、脳は適応します。残念なことに現在の脳科学では、脳の変化は物理的なものであるということが何の疑問もなく受け入れられています。脳は、実際にはワイヤレス（無線）なのだということを示すことができるでしょうか？　もし示すことができるなら、その方法は意識における個人的変容への鍵として開かれています。

その可能性は、イタリアの研究チームが1980年代にマカクザルの脳を調べた際に、大きく躍進しました。サルの下皮層、つまり手の動きを司る領域で、ひとつのニューロンを観察すると、たとえばバナナのような果物を手でつかんだ場合に発火します。これ自体は、さほど珍しい発見ではありません。脳が指令を出すから筋肉は動くのです。しかしそのサルが、バナナに手を出す別のサルを見たときにも、同じニューロンが再び発火したのです。言い換えれば、「見るという行為は、まるでその行為を自分が行ったかのように、サルの脳内に発火を引き起こした」わけです。

そして、「ミラーニューロン」という概念が生まれました。それは、他者が行っている行為を真似るニューロンという意味です。そのミラーリングは必ずしも動物二者間で起きるというわけではありません。バナナに手を伸ばす人間を見ているサルも、同じようにミラーニューロンを活性化させるでしょう。この反応は純粋に機械的なものではありません。ミラーニューロンは、その行動に対する興味の有無を判別することができます。たとえばマカクザルは実験者が口に果物を入れるのを見ると、たくさんのミラーニューロンを発火します。しかし実験者が、果物を単にカゴに入れただけの場合――サルにとって興味のない行為です――ミラーニューロンはほとんど発火しません。

このことが意味するのは、**脳の経路は必ずしも直接的な身体経験によって作り変えられるわけではない**ということです。つまり、間接的に形成することが可能なのです。それは、私たちが最初に何かを覚えるときの方法ではないでしょうか？　たとえば赤ちゃんザルが、手をのばしてものをつかむことを覚えるのは直感的なことのように思えます。しかし直感という言葉を使うのは、この場合は間違っています。なぜなら、赤ちゃんザルの脳は、初めての行動を起こすという神経経路を持っていないからです。ミラーニューロンの目的は、ただ見ることによって――もしくは、より正確に言うと、注意を向け、興味を持つことによって、そうした経路を作ることです。その話には聞き覚えがあるのではないでしょうか。というのも、脳に「慈悲」という神経ネットワークを持つチベット仏教僧たちは、同じ方法を用いてそのネットワークを形成していたのです。

脳が新しい経路を作るためには、説明も要りません。授乳中の赤ちゃんザルは、母親が固形食を食べるのを目にすると、脳内のミラーニューロンがまるで自分が固形食を食べているかのように活性化されます。離乳のときが来ると、脳はもう準備ができているというわけです。**ただ見ることによって、未知の世界を理解することができる**のです。人間の学びも同じように起きているのかもしれませんが、まだそのことについてはよくわかっていません。道義上、人間の子どもの脳細胞を、勉強がよくできるように配線し直すことはできません。しかし目の動きを見ると、赤ん坊は、まわりで起きている重要な出来事にただ注意を払うことによって、生まれて間もない頃にミラーリング・システムを作ることができるようなのです。

魂から学ぶときも、同じことが言えるのでしょうか？　それを肯定するような強力な手がかりがひとつあります。聖者のそばにいると祝福が伝達する「ダルシャン」という現象があります。ただ聖者と目を合わせるだけで祝福がもたらされると賢人たちは信じているのですが、なぜ祝福が伝達するかというと、それは「見る」という行為によって崇拝者たちの脳が変化するからです。祝福という表現は柔らかすぎるかもしれません。なぜなら最も高次のかたちの「アートマン・ダルシャン」においては、魂（アートマン）から魂へと直接伝達されるパワフルなものだからです。ミラーニューロンが働いたというわけでもありません。私が子どもの頃に地元の聖人のもとを訪れた際には、まだその仕組みについてわかっていませんでした。けれども、聖人のそばにいるだけで体が軽くなるような高揚感や内なる平和といった、私が感じた効果について、理解をする必要もありませんでした。その聖人の魂が、私の脳を難なく変えてしまったのです。

それではなぜ、私自身の魂は同じことができないのでしょう？　魂がすべきことは影響力を及ぼすことです。もし単に聖者の近くにいるだけで十分だとしたら、私たちは自分の魂のどれほど近くにいるのでしょう？

高次の意識とは、電気や磁力のような場です。そしてその場とつながると、脳がそれをミラーリングし、映し出します。ダルシャンという言葉は「見る」という言葉に由来しているのですが、目を開けている必要はありません。影響するのは、その場とどれだけ近いかということなのです。

理解を深めていくと、高次の意識とは固定されたものではないということがわかるでしょう。聖者は「ヒーリング」のような特殊なエネルギーを送ることができ、その対象は一人だけということもあります。新約聖書でキリストが病人を癒すよう懇願される箇所で、キリストはしばしば癒すことを渋っています。なぜならキリストは、皆が自分の内側を見つめて、そこに神の国を発見してほしいと願っているからです。つまりキリストは人々に「場」とは自分の一部であるということを伝えているのです。自分の外側で起こる奇跡は、間違った方向に導いてしまいがちです。ですからキリストが足の不自由な人や目の不自由な人をたまたま癒すとき、その**奇跡が起きたのは自分のおかげではなく、癒された者によるものである**としているのです。

マルコによる福音書10章46－52節には、道端に座っている盲目の乞食のそばをキリストが通りかかる印象的な例が記されています。

ナザレのイエスだと聞くと、盲目の乞食は『ダビデの子イエスよ、わたしを憐《あわ》れんでください』と叫び始めた。多くの人々が叱りつけて黙らせようとしたが、彼はますます『ダビデの子よ、わたしを憐れんでください』と言い続けた。イエスは立ち止まって、『あの男を呼んで来なさい』と言われた。人々は盲人を呼んで言った。『安心して、立ちなさい。イエス様がお呼びだ』。盲人は上着を脱ぎ捨て、躍り上がってイエスのところに来た。イエスは『私に何をしてほしいのですか?』と言われた。盲人は、『先生、目が見えるようになりたいのです』と言った。そこで、イエスは言われた。『行きなさい。あなたの信心深さがあなた自身を治したのです』。盲人は、すぐ見えるようになり、なお道を進まれるイエスに従った。

　この盲人が「信心深い」というより、むしろ「しつこい」という印象を受けるでしょうが、ダルシャンの伝統において、その出来事には意味があるのです。癒しは、より高次の意識が低次の意識とつながること、つまり完全な魂が不完全な肉体へとエネルギーを送ることで起こります（イエスが介入する必要はないのです。イエスが「精神が望んでいても、肉体が弱い」と残念そうに弟子たちに言うのですが、その意味はイエスの体は魂と調和しているのに対し、弟子たちの体は完全には魂と調和していないということです）。実際には、方位磁石が北を指すより他の選択肢がないのと同様、体も変化するしかありません。これ以上に楽なことがあるでしょうか？

breakthrough #2

愛が魂を目覚めさせる

魂の次元でブレイクスルーが起こると「愛」が拡大しますが、また課題ももたらします。魂は、神の無限の愛を受け取って人間の次元まで降ろしているのですが、どれだけ強い愛を受け取ることができるかについては多くの要素が関わっています。自分の人生において、よりたくさんの愛を得たいと夢見ている人がほとんどでしょう。しかし現実では、今、手にしている愛の量は、自分が適応できただけの量なのです。また、強い愛を示すことがどれほど人々に受け入れられるのかという問題もあります。もし突然に押し寄せる無条件の愛に出会ったとしても、誰もがそれを心地よく感じるわけではないのです。初めて出会ったこの愛が信頼に足るものかどうか、疑問に思うことでしょう。心の奥底では、そのように**オープンで完全な愛に自分はふさわしくないと不安に思う人もいる**かもしれません。

より強く、より純粋な、魂レベルの愛に、瞬間的に触れたことがある人はたくさんいるでしょう。その瞬間は、覚醒《かくせい》したすばらしい感覚が生まれるものです。愛は魂を目覚めさせます。なぜなら、**愛と魂は似たもの同士なので、お互い引きつけ合う**からです。魂は受動的ではありません。あなたが**自らを限界から解放しようとすると、魂が共鳴**します。あなたが**美や真実を経験するときにも、拡大と解放という同じような感覚が生じ**

ます。あなたは魂のエネルギーを解放し、流しているのです。たとえば家の中の電気は、スイッチを入れて初めて光や熱になりますね。魂のエネルギーを目覚めさせたときにも、同様のことが起こるのです。

厳密な仕組みを知らなくても、魂のエネルギーが生じるのを経験することができるでしょう。なんの前触れもなく、無条件の愛を垣間見たり、神の存在を感じたりするのです。そこにあるのは至福と無限の感覚です。突然あらゆる境界を超越することが、現実的に感じられるようになります。それではなぜ、そのような感覚は日常生活によって再び引き戻されてしまうのでしょう。このように、拡大した意識へと向かう格別な旅は、たいていの場合、短いものです――瞬間的だったり、数日間だったりで、数ヶ月以上続くことはめったにありません。

愛情も喜びも少ないことが普通になってしまった生き方に、脳は年を追うごとに順応していきます。何か新しいことを受け入れるよう自分に強制することはできませんが、では何が自分の人生を刷新してくれるのでしょうか？　その答えは、願望であると私は信じています。**愛し、愛されたいという願望は、常に人を奮い立たせます**。その願望が最も強くて活発なとき、私たちは人生に対しても最も多くを求めます。願望が消えていくと、人生は停滞するのです。

愛のない人生のほうがよいと考える人は数知れません。なぜなら、そのような人々は恐れを抱きすぎていて、現在の居心地のよさを冒すことができないからです。失恋して傷ついている人もいれば、以前は愛していたのに倦怠《けんたい》期に入っている人もいます。こうしたすべての人々にとって、愛は停止してしまっています。つまり、魂のある一面が無感覚になってしまっているということなのです。そのような状況に陥っている人に、愛は無限であると言えば啓発できるかもしれません。でもその啓発も「永遠の愛」よりむしろ**次のステップを経験することができない限り、無意味**なものとなってしまうでしょう。そして次のステップというのは、いつも同じです。それは、魂を目覚めさせることなのです。人は皆異なるため、魂を目覚めさせるためのお決まりの方法はありません。孤独な人に、家から出て新しい人たちに会うように勧めたり、誰かとデートするよう勧めたり、もしくは出会い系のインターネットサービスへの入会を勧めることが、少しは役に立つかもしれませんが、まったく役に立たないかもしれないわけです。

願望の秘密

枯渇している魂にとって、愛は水のような存在なのに、愛を拒絶する魂もあるのはどうしてなのでしょうか。心が痛むようなエピソードが思い出されます。私がその話を聞いたのは、実入りのよいメディア関連の仕事をやめて建築業者になったアメリカ南西部出身の女性からです。彼女は、ヒスパニック地区の中でも最も荒廃した地域に土地を購入することを決め、一群の日干し煉瓦《れんが》造りの家々の改修を目指していました。

「そのエリアで建築の仕事をすることは厳しい選択でした」

彼女は思い起こします。

「私は地元の労働者を雇いましたが、現場では盗難がたくさん起こりました。彼らの多くは失業者で、上司が女性だということを嫌がっていました。毎日、子どもたちが現場の周囲に集まって来て、私が屋根を組み立てたり、壁に漆喰《しっくい》を塗ったりするのを見ていたものです。子どもたちは家が作られていく様を見たことがなかったのでしょう。

二人の子どもが私の目にとまりました。アントニオは、他の子どもたちよりも年上で、おそらく十五歳ぐらいでした。彼にはドラッグの使用歴があり、何度も逮捕されていました。

ある日、現場に行くと壁に描かれた聖母マリア像を見つけました。誰が描いたのか尋ねて回ったところ、描いたのは自分だとアントニオが告白しました。そこで私は彼と秘密の協定を結んだのです。私は彼に、地元の画家が伝統的なレタブロ（ブリキなどの金属板に描かれた奉納画）を作る際に使っていた材料を買い与えました。彼は熱心に仕事に出かけ、ほどなくして彼のちょっとしたビジネスはとてもうまくいくようになりました。誰も、私が彼にしたことについて話したりはしませんでしたが、彼らはよくわかっていました。

もうひとりの子どもはカルラで、八歳か九歳の、とても賢くて好奇心旺盛《おうせい》な少女でした。私たちは友達になり、彼女の母親にも会いました。ほとんど何も持たない人々でしたが、彼女たちの優しさに非常に心打たれ、私は街でいちばんよい私立学校に行き、カルラに全額支給の奨学金を認めるよう校長先生の賛成をとりつけました。

登校初日の朝、私は休みをとって、母親がカルラを学校へ送り届けるのに付き添いました。そして仕事に戻ったのです。一時頃になってあたりを見渡すと、いつもの場所で、カルラが他の子どもたちと一緒に労働者たちを眺めている姿に私は気づきました。彼女はもう制服を着ていませんでした。私はとてもがっかりして、家族の住むトレイラーが停まっている通りへと走っていきました。

『いったいどうしたのか』

と母親に尋ねました。カルラが何かしたのか、他の子どもたちにいじめられたのかと。母親は、目をそらしました。私と目を合わせたくなかったのです。

『お昼に学校へ戻って、カルラを連れ帰りました』

と母親は言いました。

『あなたはとてもよいことをしようとしてくれましたが、あそこはカルラの場所ではありません。絶対に馴染めないでしょう』

私は怒りを抑えようとしました。説得したり、なだめたりしましたが、母親は断固として耳を貸さず、結局カルラが学校に戻ることはありませんでした」

この話の教訓とは、愛と願望は一致しなくてはならない、ということです。心からの願望に従うとき、スピリチュアルな道が開けます。すべての人の心の中は、永遠で、生き生きとしており、熱望でいっぱいの場所です。その心の中で焦点が当てられているのは、究極的な「神」とか「救済」とか「無条件の愛」ではなく、次のステップとして望んでいるものなのです。アントニオのように、ひとつの願望が満たされると、さらに次のものが現れ、また次のものがという風に際限なく続きます。宗教的伝統は、この非常に実用的な点を見逃しています。そうした伝統は、**次のステップとしての小さな褒賞をどうしたら得られるかわからない人々に、最終的なすばらしい褒賞を与えようとするの**です。どんな宗教も外側から影響を与えることはできません。前に進みたいという願望が持つ、生き生きとした衝動と触れ合えるのは、あなただけなのです。

しかし、あなたが望んでいる次のステップがチョコレートケーキを食べることだとしたらどうなるのでしょう？　あなたの最も深い渇望が、別荘や三人目の妻を持つことだったりしたらどうなのでしょう？

魂は、あなたの願望について、どんな判断も下しません。魂は、あなたがどんな人間か、今どの段階にいるかということと連動しています。ほとんどの人の願望が世俗的なことに焦点が当てられている中、その**願望の道すじを方向転換し、さらに高い次元へと向かわせることが大切**です。

境界線の問題

あなたはチョコレートケーキや別荘が大好きかもしれませんが、物質がもたらす喜びには限界があります。願望の最大のデメリットとは、願望成就が繰り返されることによって喜びが打ち消されてしまうということです。夫婦は結婚生活においてこの問題に直面します。なぜなら、他人との日常生活においては、どれほどその人を愛していても「繰り返し」が生じてしまうからです。定番のアドバイスとしては、何か新しいことをすることによって刺激となるスパイスを加えるようにということです。新しい下着で夫を驚かせたり、バミューダ諸島での休暇で妻を驚かせたりすることです。けれども、このアドバイスは短期的には効き目があるかもしれませんが、ほんの一時的な気晴らしでしかありません。**魂に基づいたもっと深遠な答えがある**のです。

魂の観点からは「願望」と「繰り返し」は無縁のものです。願望は、常にもっと深いところに行くことを望んでいます。さらなる強さ、意味、拡大を求めます。結婚生活を新鮮に保たせるためには、**配偶者の中に、愛すべき点をもっとたくさん見つける**ことです。その可能性は時間とともに増えていきます。他人との親密な関係性とは、他にとって代わるものがない、すばらしい発見のことなのです。そのような親密さを経験すると、より多くを、つまりもっと親密になることを望むのは自然なことです。一方で、より深いところへ行くこともなく、何度も何度も同じパターンを繰り返しながら同じ場所にとどまっているような願望は、その自然なプロセスからはずれていってしまいます。

もし今の説明で、自分の尾を追いかけてぐるぐるまわる犬や、同じコースを何周も延々と走り続けるレーシングカーのイメージが頭に浮かんだとしたら、あなたは要点を完全に把握していると言えます。対象を求めつつも進展しない願望は、行き詰まってしまうのです。目に見えぬ塀、もしくは越えてはいけない一線として、境界線が存在しているからです。なぜ私たちは、自分の願望のまわりに境界線を張り巡らすのでしょうか。第一の理由は、**居心地の悪い経験を遠ざけるため**です。たとえば、路上の物乞いの前を通り過ぎたときのことを、もしくは募金活動をしている人々のそばを通ったときのことを思い出してみてください。彼らの懇願を拒絶すると決めたとしたら、あなたは目に見えない境界線を張ります。境界線とは心理的なものなので、それを張っている人にとっては感情的な含みがありうるわけです。逆に、自分が物乞いである場合を想像してみてください。あなたが「小銭を恵んでくれませんか？」と言うと、ただ無視する人もいるでしょうし、罪悪感から足を速める人もいるでしょう。イライラしたり、怒ったりする人はさらに多いでしょう。皮肉交じりに小銭を放り投げたり、非常に気分を害した風に振る舞う人も多少はいるかもしれません。

境界線を張り巡らす第二の理由は、**自分が居心地のよい領域を守るため**です。この領域の内側では、あなたは満足していられますし、安全で守られていると感じられます。居心地のよい領域にも種類がたくさんあります。一人でいるときにだけ安全を感じる人もいれば、他人がまわりにいるときだけ安全を感じる人もいるからです。しかしどんな居心地のよい領域でも、創り出すごとに、あなたの生活に変化を起こすことはさらに難しくなります。私が病院のさまざまな科をインターンとしてまわっていたとき、なぜ人は変わらないのかということについての重大な教訓を学びました。ボストン近郊にある退役軍人専門病院で勤務していた頃の鮮烈な記憶のひとつは、カフェテリアの窓から顔を出して階下の患者たちを眺めていたときのことです。

それぞれの患者が病院の正面玄関まで車椅子を押してもらい、ある地点で車椅子から降りて立ち上がり、歩いて外へ出て行きました。幸せな光景だと思うかもしれません。しかしある日、自分が担当していた肺がん患者が通りを渡り、コンビニエンスストアに入っていくのを目にしました。そして二分後には、煙草を一カートン抱えて出てきたのです。すでに彼はパックの封を開けて、一本目の煙草に火を点けていました。私は、がん科二年目の研修生にこのことを指摘すると、彼は肩をすくめ、窓の外を見れば、自分の患者の半分は同じことをしているのがわかると言いました。彼は、見ないことを学んでいたのです。

これは三十年前の話で、そして幸運なことに、時代の潮流は喫煙に反対する流れになっています。しかしこの話のもっと深い点とは、人は上手に自分の居心地のよい領域を守ったり、苦しい現実を締め出したりできるということです。当時のもうひとつの思い出に、精神科でインターンをしていたときのものがあります。ある女性が検査を受けるためにやってきました。精密検査をしていくうちに、彼女は四人の幼い子どもを抱え、夫は失業中で酒を飲み始めたということがわかりました。女性は糖尿病で、かなりの肥満でした。私は彼女の人生の様相に圧倒される思いがしましたが、なぜ病院に来たのか尋ねたとき、こう答えたのです。

「自分は鬱《うつ》病ではないかと思うのです。理由はわかりませんが……」

その当時、私は「親切」「共感」「思いやり」を持って接することは、すべての人のためになることだと思っていました。境界線とは、簡単に打ち崩すことができるものだと考えており、それがいかに強固な守りであるかを過小評価していたのです。**境界線とは、硬直した意識からできており、非常にとらえがたい**ものです。私が精神科でインターンをしていたとき、非常に心優しいメンターがいました。彼は、病院内で最も親身になってくれる医師だと思われており、硬直し、手の施しようがないように見えた人々の心を開かせることができました。彼自身は、感じがよくてオープンで、屈託のない人柄で、その生来の魅力を使って、恐れを持つ人々の心をやわらげていました。

しかし彼はまた、こうした人たちの心に響かせることができない理由も、よくわかっていました。愛されていないと感じていることがひとつの理由ですが、「自分は愛情深くない」という思いが非常に根深い信念となっているため、それが自身のアイデンティティの一部になってしまっている人たちもいるのだと彼は教えてくれました。そういった人たちは**愛や思いやりに直にさらされると、逃げ出してしまう**のです。それも当然です。それは、彼らのアイデンティティの一部を奪おうとする行為になるからです。それは誰にとっても脅威になるでしょう。次のクリスマスや感謝祭に帰省したときに、あなたを最も煩わせた親戚《しんせき》に優しくしてみてください。あなたが、かつて憎しみを放射した場所に愛を放射するとき、おそらくいぶかしげな反応が返ってくるでしょう。そしてもしあなたが愛の放射を続ければ、彼らは不安になったり腹を立てたりするかもしれません。

要するに、**境界線とは、私たちのアイデンティティの一部**なのです。しかし魂はそのアイデンティティを変化させることができます。そしてそのプロセスは、自分の境界線と交渉することによって始まります。心の奥底では、あなたは本当のところ、安全でも、守られても、満たされてもいないということを知っています。もし安全で守られ、満たされている状態を現実化することを望んでいるなら、いくつかの新しい考え方が役に立つでしょう。

- リスクをそれほど恐れない
- 自分が常に正しくなくてもよい
- 自分は本来愛されるべき存在であると信じる
- 自分が発展する機会を喜んで受け入れる
- 人生は豊かであるのが当然だと思う
- 何も期待しない

これらはパワフルな信念で、そのすべてが境界線を消し去ります。どのように作用するのか、もう少し詳しく見ていきましょう。

リスクをそれほど恐れない

リスクを冒すことは、**自分の境界線から外に踏み出す**ことです。私たちは皆、自由になりたいのですが、不安によって押しとどめられています。よちよち歩きの子どもが初めて歩こうとするときに見せる表情——好奇心、意志、不安、そして驚嘆が入り混じったもの——を、母親なら誰もが知っています。「自分は何をしているのだろう。自分がこれをやってみたいということはわかっている。でも無謀なことのように感じる」。これこそ、リスクを冒す人の様相です。自分が知らないことのために、知っていることを捨て去るときの、避けることのできない、混み入った感情を表しています。境界線は、リスクは危険すぎると私たちを説得しようとします。本当のところ**「リスクを冒す」ということは、自分を説得して新しい何かを成し遂げたいという願望**なのです。

あらゆるリスクを避ける人たちというのは悪魔と取引をしているようなもので、限定された充足感と交換に安全を得ているのです。しかしその安全は幻想で、実際には彼らはがんじがらめになっているのです。外出したり、広い場所に行ったりすることを恐れる広場恐怖症の人々のことを思い浮かべてください。最初は家にいることが安全に感じられます。なぜなら外界から壁で切り離されているからです。しかし時間が経つにつれ、家にいるという安心感さえも、その効力を失い始めます。そして広場恐怖症に苦しむ人々は、ひとつの部屋にいるときしか心地よく感じられなくなってしまうのです。そして、それがさらに小さな部屋となっていき、ついには家中でいちばん小さい部屋にいるときしか安全を感じられなくなるのです。なぜ恐怖症はこのように進行していってしまうのでしょう。それは、外にいたいという願望を押し殺すことができないため、その願望が高まるにつれて恐怖症は境界線をどんどん狭く厳しくすることによって反撃するのです。**リスクとはポジティブなものであり、また自分を成長させてくれるもの**であると学ぶことは、大切なステップです。

自分が常に正しくなくてもよい

限界を作っている境界線の内側にいることは、小さな島の支配者になるようなものです。あなたはコントロール下にあり、コントロールの本質は、常に正しくあるということです。私はかつて、大企業の役員をしている強気な男性に会いました。彼には、話しかけてくるすべての人に反論するというやっかいな習性がありました。どんな主張に対しても、たとえそれが疑う余地のないものであっても、無害なものであっても、彼は自動的に「それは違う」（もしくは「これに関しては違った見方がある」「それについてはよくわからない」「その主張は説得力に乏しい」など）と反応してしまうのです。彼がそれを意識的に行っているわけでないのは明らかです。自分が常に正しくいられるように、自分以外の人は皆間違いだと決めつける癖が身についてしまっているだけなのです。私は彼の同僚に、いったい何が起こっているのか評価してほしいと依頼されました。この男性が、接触する人、一人ひとりに反論するのに一時間費やす間、私は座って、そのやりとりに耳を傾けていました。直接的なアプローチを試してみることに決め、彼が午前中を通して、一分間に少なくとも二回は「それは違う」という表現をしたことを指摘しました。少しのとまどいも見せずに、彼は私のほうを向き、「それは違う」と言いました。

　そのひと言の中に、どれほど多くのことが含まれているかに気づいてください。「それは違う」という言葉は、反対する人はすべて追放し、「立ち入り禁止。私の心はもう閉じられている」という警告サインを出しているということなのです。境界線は、非常に複雑な目的を果たしていることがわかります。つまり「境界線とは心理的防衛である」と純粋に定義することはできません。この場合、**自分は必ずしも正しくなくてもよいと学ぶことは、信頼することを学ぶこと**なのです。なぜなら、ここで表現されている基本的なニーズはコントロールすることだからです。コントロールしたがる人間に、あなたは間違っているということを証明しようとしても無駄なことです。そうする代わりに、あなたは自分の愛が信頼に足るものだということを、何度も何度も示さなくてはなりません。

もしこのような境界線があなた自身のものなら、最善のアプローチとは、**毎日少しずつ他の人を信頼する**ことです。具体的には、ものごとをどのように行うか前もって他の人に指図しないこと、つまらぬあら捜しをしたり完璧主義にこだわったりしないこと、そして、あなただけが何が正しいかを知っていると主張したり反論したりしないことです。正しくあるという習慣を捨てることは、不快に感じられるでしょう――それはごく自然なことです。しかしあなたの信頼が報われるたびに、古い壁を保つための理由がひとつずつ減っていくのです。

――自分は本来愛されるべき存在であると信じる

さまざまな境界線に、自らを裁いてしまう自己評価が潜んでいます。**親密な関係を拒絶する人々は、自分は愛に値しないと感じています。**彼らは、自分がいかに愛されていないかを他の人に知られたくないため、人前に出ることを恐れます。境界線を引くことはまた、「なぜ自分が愛に値しないと感じているか」ということから目を背けさせます（愛の代わりに「尊敬される」「称賛される」「受容される」「理解される」という言葉を入れることもできます。これらはみな、愛から派生したものです）。生まれたときからずっと愛され続けている人はとても幸運です。しかしそれは滅多にないことです。ほとんどの人が非常に幼い頃から「愛」と「拒絶」が組み合わさった経験をするものです。そういった経験をした人たちは、自分の価値がまだわかっていない段階で、否定的な状況にさらされていたのです。

こうした「自分は愛に値しないのではないか」という猜疑心《さいぎしん》を癒してくれる唯一のことは、愛されることです。そして、もしあなたが自分の心を閉じていたら愛されることはないでしょう。残念なことに、愛に値しないと感じれば感じるほど、自分をさらに孤立させ、そして自分は愛に値しないという確信はさらに強まってしまうのです。本質的に、あなたは自分自身に対して感じる愛と同じだけの愛しか引き寄せられませんし、持続させられないのです。「私は同じ男性と何度もデートを重ねているけれど結婚に至らない」、もしくは「最終的に私のことを拒絶するような男性としか出会わない」などと女性が言うことが、この証拠となっています。男性の場合、「たくさんの女性と出会うけれど結婚はしない」とか「私は女性を愛しているけれど、結婚というプレッシャーを受けたくない」といったコメントになるでしょう。**自らをどのように自己評価しているかを見ないようにする、あらゆる種類のお仕着せの反応**が、社会には蔓延《まんえん》しているのです。

完全にというわけではありませんが（完全にというのは求めすぎでしょう）、「自分は愛される存在だ」ということを信頼することによって、制限を創り出している境界線を取り除き、自分が居心地よく感じる領域を広げることは可能です。たとえば、あなたは愛に飢えた孤児を助けたり、貧困や災害などで困っている人々のために奉仕したり、不登校の子どもたちに勉強を教えたりすることができます――こうしたことは、**デートするのと同等か、それ以上の大きな報酬をもたらしてくれる愛の行為**です。愛はあなたのところへやってきて、あなたのアイデンティティの一部になることでしょう。愛は成長したがるものです。あなたがすべき唯一のことは、その種を蒔《ま》くことだけなのです。

自分が発展する機会を喜んで受け入れる

境界線の中で生きている人々は、自分が発展していくことに対して懐疑的なものです。実際に、意識の中で発展していく人間とは非常にユニークな存在です。たとえば、共有したり与えたりすることは発展的な行為ですが、そのような単純なものではなく「与える」という物理的行為だけでは十分ではないのです。100万ドルを提供した人の、心の底は欲張りで利己的ということもありえます。縮小し、閉じこもり、隠れることが、身体的に必要となってしまうような人々がいたりします。最近行われた社会科学の実験において、あるグループが、戦争や自動車事故のような一連のむごたらしい出来事のスライドを見せられました。各人の反応を測定するために血圧、心拍数、電気皮膚反応などを観察したところ、グループ内の誰もが悲惨な写真を見ることによりストレスに感じましたが、ある時点になると、被験者の中には、見ているものに慣れてくる人も出てきたのです。彼らのストレス反応は徐々に減っていきましたが、一方で反応が減らない被験者もいました――彼らは、初めて悲惨な写真を見せられたときと同じぐらいの強いストレス反応を、最後の一枚を見せられたときにも示しました。この実験によって、恐ろしいと感じた経験に対してどれほど迅速に境界線を引く人がいるかということが示されたわけです。しかし、もうひとつの結果は、予想外のものとなりました。

被験者たちは、前もって自分の政治的信条について表明することが求められていました。その結果わかったのは、進歩的な自由主義のリベラル派を称する者は当初のショックを早々に克服して悲惨な写真に慣れていき、逆に保守派を自認する人々は、ずっとストレスを受けたままということでした。実験者側は、この結果について説明しようと必死になりました。というのも、リベラル派のステレオタイプとして情に流されやすいというイメージがあり、彼らは非常に繊細だと思われていたからです。しかしおそらく、痛みや苦しみに適応するためには、その事実を受け入れる高度な能力が必要なのでしょう。一方で、痛みや苦しみにショックを受けたままでいる人々は、それを見たくないと望んでいるだけなのです。実際に、痛みや苦しみについて何らかの手段で対応していく前に、痛ましい現実に慣れる必要があるのです。

同じことが、自分自身を助ける場合にもあてはまります。**光が差し込めるようにするには、暗黒に直面するという意欲が必要**です。あなたの魂は、最大の注意を払って境界線に対処します。魂はそれ自身、決して癒しを求めたりはしませんし、愛をもってさえも、決して境界線を突き破ろうとはしません。だから私は、感情を導いているのは心であると考えているのです。「発展」は自然に起こりますが、まずあなたの心がそれを許可しなくてはなりません。「収縮」の根底にあるのは、常に恐怖です。そして恐怖をコントロールしているのは完全に感情的なものです。あなたは、怖がる子どもを説得して水の中に入れる親のように、**恐れて、収縮している自己と交渉することができる**のです。それにはスキルが必要となります。

その鍵となるステップは、**あなた自身の内側で、最も小さくて最も収縮した部分でさえも自由になりたがっている**ということに気づくことです。それを踏まえた上で、「私がほしいものは何？」と自問するのです。その答えは必ずしも壮大なものである必要はありません。完全なる充足や、喜び、愛を求める必要はありません。実現可能な願望を見つけてください。それが何であろうと、あなたに喜びをもたらす「次のもの」が、あなたをより魂に近づけてくれるのです。それはまだ不快感と混ざり合っているかもしれませんが、もしあなたが自分自身に本当に発展的な経験をさせれば、収縮する必要性は減り始めるでしょう。あなたがより多くの喜びを受け取る準備ができていれば、境界線を引く必要性も減るのです。

人生は豊かであるのが当然だと思う

もしも自分には何かが足りないと信じているなら、恐怖の中で生きていかざるをえないでしょう。ほとんどの人は「仕事」「家」「銀行口座」「財産」といったものが欠乏感から守ってくれると思っています。しかし、内的な欠乏こそ真の脅威なのです。あなたの体は、自然がいかに豊かであるかを示している明白でわかりやすい例です。体には、何千億という細胞が与えられていて、あなたの血液は押し寄せる波のように動脈をどっと通り抜けていきます。その上あなたの魂は「無限のエネルギー」「創造性」「知性」の貯蔵庫なのです。魂が枯渇することはありえません。しかし、もし自分は**欠乏の中に生きていると信じているなら、このこともほとんど意味をなさない**でしょう。

そのような欠乏の信念が根づいてしまうと、人生において、生き延びるために十分なものを得ることにさえ莫大な努力を要します。皮肉なことに、こうした信念を抱いているのは、非常に裕福な人たちなのです。彼らは、外的にはその豊かさに飽き飽きしているのですが、一方で内的な渇望を感じています。したがって、そもそも彼らを満足させることができなかったものを、ますます渇望するようになるのです。

魂が与えてくれるものと、私たちが受け取るものの間には、圧倒的な差があります。内面的に欠乏を感じている場合は、次のような演習が非常に役に立つと思います。

まず紙を一枚用意し、「豊かさ」と書いてください。そしてその言葉を丸で囲ってください。さて、丸のまわりに五つの言葉を書きます。それぞれの言葉は、あなたの人生をもっと豊かに感じさせるような分野を表します（私がこの演習をナビゲートするとき、お金、家、財産といった物質的なものを書かないようにお願いしています。それらに代わって、キャリア、仕事、成功と書くなら大丈夫です。なぜならそこには内的な意味があるからです）。あなたが書いた五つの言葉が、たとえば次のようなものだったとしましょう。

平和
楽しみ
慈悲
ウェルビーイング

家族

ある男性は、演習の中で実際にこの五つの項目をあげました。彼にとって、これらすべての分野がさらに充実した場合、人生が豊かになるのです。

さて、自分で書き出した各項目を順番に見ていきながら、それらの分野をさらに充足させるためにあなたができて、かつ今日から始められることを三つずつ書き出してください。

ちなみにその男性は五つのうち三つの項目について次のように書きました。

楽しみ

・外でもっと時間を過ごす
・子どもたちとゲームをする
・再び「楽しむこと」を覚える

慈悲
・近所のホームレスに施しをする
・鬱の同僚に手助けを申し出る
・地元の動物保護センターでボランティアをする

家族
・妻に「愛している」と、もっと頻繁に伝える
・夕食の食卓で、皆の近況についておしゃべりする
・哀しみと不幸せの兆候に注意を払う

人生にさらに多くを求めるだけでは十分ではありません。**願望は具体的でなくてはならない**のです。あなたは今どこにいて、どこに向かいたいのか、ということまで示されている必要があります。そのような願望はもはや混沌《こんとん》としたものではありませんし、コントロール不可能なものでもありません。むしろ、**自分が変化できるよう穏やかなプレッシャーをかける**のです。

何も期待しない

期待が破られることほど不幸を生み出すものはありません。仕事で出世できない、結婚のプロポーズの答えが再び延期される、理想的な家族のイメージが具現化されないなど。実際に**「期待する」とは、未来をコントロールしようという試み**です。期待を抱くと、こう思いがちです。「〇〇が起きなければ、幸せにはなれない」と。しかし、ここで私たちは注意深くならなくてはいけません。逆に「期待しない」ということは、人生は空虚で希望がないということだと思われがちですが、それが最終目的ではありません。あるべき状態とは、どんなことでも起こりうるし、何でも受け入れられるという、ある種のオープンさなのです。

最近、私はこれをまさに体験しました。新刊の出版キャンペーンで、十日間でアメリカの十都市をまわったことがありました。空港から空港へ、ホテルからホテルへという単調な移動を乗り切るために、私はあるルーティンを作り出していました。ところがある日、そのルーティンがどれもうまくいかなかったのです。運動をするために早起きしたのですが、ホテルのジムは閉まっていました。朝食は軽くジュースとトーストだけにしようと思って出かけると、その日は日曜日だったので、豪華なブランチ・ビュッフェしかありませんでした。ホテルのスタッフは朝刊を運んでくるのを忘れ、講演会場まで連れて行ってくれる車の到着が遅れたため、渋滞している中で急がなくてはならず、聴衆を待たせることになってしまいました。

車の後部座席で背を丸めて座っていた私は不機嫌でしたが、理由はわかっていました。それは自分のルーティンが妨げられたからということではなく、期待が裏切られたからなのです。私はよい一日を過ごすための計画を心に抱いていました。そしてひとつずつ期待が裏切られていき、私の願望は妨害されました。これは誰にでも起こることです。期待が叶わず、失望する結果に終わるわけです。後になって気づいたのは、**もしも期待せずに向き合っていたのなら、その一日をもっと楽しむことができた**だろうに、ということです。

第一に、私はもっと**自分の中心とつながることができた**はずです。自分の中心とつながっていると、まわりの状況からあまり影響を受けなくなります。日々の出来事の浮き沈みによってうろたえることもありません。

第二に、私は「よい一日とはどんなものか」を**前もって決めておく必要はありませんでした**。あらかじめ全体像を見ることは不可能です。予期せぬ出来事のための余地を残しておく必要があります。そうすることによって、予期せぬことが起こったときも動揺しないのです。

第三に、私は**結果を手放すことができた**はずです。誰もがコントロールできる唯一のことは、自分自身の行動だけです。結果をコントロールすることはできません。

第四に、私は起こった出来事を、不機嫌になるほど**個人的なこととしてとらえなくてもよかった**のです。人生は流れていきます。宇宙は与えて、奪うこともします。

こういった姿勢を身につけていくことで、期待を大きく持たないことができるようになります。失望を完全に回避できると言っているわけではありませんが、私たちの心は、自分が幸福と見なすもののイメージを蓄えています。そして、そのイメージを期待することによって、自らを失望させているのです。しかし、よりよい種類の幸せが存在するということも私たちは知っています。来年のクリスマスに、ほしいものリストの中から与えられる贈り物と、まったくのサプライズでもらう予期せぬ贈り物のどちらがあなたをより幸せにするでしょうか？　あなたの**魂は、過去に作った心の中のリストを充**

たすために存在しているのではありません。魂からの贈り物は予期せぬものです。魂がもたらしてくれる幸福は予想外のものなので、新鮮なのです。

魂も人生も常に刷新されているものなので、願望の持つ魔法と、人生の新鮮さにはつながりがあります。魂は、あなたの耳元で「愛しているよ」とささやく求婚者のようなものではありません。魂は言葉を持たず、声も持ちません。魂は、あなたに喜びを与えるだろう次のものを授けることによって、行動を通して愛を表現します。「次のもの」とは、取るに足らないものかもしれませんし、きわめて重大なことかもしれません。確かなことはたったひとつだけです。それは、**愛は魂を目覚めさせ、それと引き換えに魂の愛をもたらしてくれる**ということです。境界が一度緩み始めると、そのような経験をし始めることでしょう。究極的には、**境界線のなくなった人生において可能性が開かれる**のです。私たちが次に探求すべきなのは、この「可能性」についてです。

あなたの人生において
――魂を輝かせる

私たちは常に高次の意識から影響を受けていて、その影響とは常に有益なものです。それは氷の彫刻を溶かす温かい光のようなもので、たとえその氷の彫刻が恐ろしい怪物だったとしても関係ありません。重要なのは、魂はそれが何であっても溶かしてしまうということです。もしあなたが、自分の**魂が輝いているその温かさを感じられないのなら、魂が遮られているということです。**遮っている原因をたどっていくと、常に心に行き着きます。こうした壁は目には見えないので、どこにあるのか特定することは困難です。心は自らを覆い隠すことに長《た》けており、エゴの最も重要な任務のひとつは壁を作ることです。よって、自分の行動を観察する最善の方法は、体を通して見ることなのです。**体は、心のように思い違いや、否定もすることができません。**脅威に対する最も強力な反応が「恐れ」と「怒り」ですが、あなたの体がそのどちらかの感情を察知したとき、何か外的な力があなたの境界線や壁を圧迫してきているのです。

「恐れ」があると体は衰弱します。そしてそれが強い恐怖に変わると、体を無力にしてしまいます。恐れは、胃痛・けいれん・寒気・のぼせ・眩暈《めまい》・ふらつき・胸苦しさという症状となり、**「怒り」**は、ほてり・筋肉の硬直・顎《がく》関節症・不整脈・動悸《どうき》・耳鳴りというような症状を起こします。

これらは紛れもない兆候ですが、心はそうした兆候を無視することができます。体が明らかに逆らっているのに、「大丈夫。何も問題ありません」ということがどれほど多いか気づいてください。たとえ**心が反対のことを言っていたとしても、体からの合図のほうを信じる必要**があります。それぞれの感情の特徴を認識するところから自分自身との信頼関係が構築されてきます。こういった感情は、あなたが抵抗しているというサインです。ある経験がストレスを生み出しているとすれば、それはその経験があなたの中を流れていく代わりに、壁に衝突しているからなのです。おそらく、あなた自身は何が起こっているのかわからないでしょうが、体はそれを感じています。**感じることこそ壁を破壊し、もはやその境界線を必要としなくなるための第一歩**なのです。

さらに多くの身体的合図について検証することが役に立つでしょう。「怒り」と「敵意」、もしくは「哀しみ」と「失意」といったように二つの感情が関係しているとき、最初に湧き起こる感情のほうに、より長い説明をしています。

屈辱

屈辱の感情は、「恐れ」と同様に体が衰弱しているように感じます。しかし屈辱の場合、寒くはなく、頬は赤くなり、肌は温まります。縮こまり、小さくなったように感じるでしょう。極端な恐れがあると逃げ出したくなりますが、屈辱は**消えてしまいたいと思わせます**。屈辱の感覚は体にいつまでも残り、過去のほんのちょっとした記憶で呼び起こされます。ひどく恥ずかしい思いをしたことがある人、特に子ども時代にそういった経験をしたことのある人は、物憂げで、反応も鈍く、殻にこもる傾向があるでしょう。体が慢性的に脱力感や無力感を覚えるのです。

困惑

困惑は、軽度の屈辱です。同じ身体的兆候を示しますが、**早くに消え去ります**。

欲求不満

欲求不満は「怒り」と似ていますが、もっと内にこもったものです。体が怒りたがっているのにスイッチが見つからないような状態です。**動きはこわばり、それは出口がふさがれているという兆候**なのです。欲求不満はまた、否定と組み合わさった怒りにもなりえます。その場合、不安定な視線、素っ気ない早口な話し方、肩をすくめる、顎の筋肉のこわばり、呼吸困難といった否定の兆候を経験するでしょう。言い換えれば、本当の感情が抑え込まれているのです。あまりにそわそわしてじっと座っていられないといった、怒りを示すかすかな兆候が出る人もいます。欲求不満が常に怒りと結びついているわけではありませんが、たとえば性的な欲求不満について文句を言うときでさえ、いらいらした感じと怒りが関係しているものです。

罪悪感

罪悪感は、罠《わな》にかかり、逃げ出したくて必死になっているような落ち着かない感情を生み出します。**閉じ込められて息が詰まるような感じ**で、呼吸困難のようになります。胸がしめつけられ、体が罠にかかったかのように、鬱積する罪悪感を解放して爆発したいような感覚を持ちます。罪悪感はあなたを苦しめ、身体的には**心臓の慢性的圧迫**という症状が出ます。

恥

恥とは、頬を赤らめ、皮膚が温かくなるような、熱を帯びた感情です。しかし、冷たく、空虚に感じるような、内面の無感覚さも生じます。「屈辱」と同様、恥は自分が小さくなったように感じさせます。あなたは縮こまり、消えてしまいたくなるでしょう。恥と罪悪感は関連していますが、恥はどちらかと言えば**生気のない重石のような感じ**

で、罪悪感のほうは自分の中から飛び出したがる猛獣のようなものです。

不安

不安とは慢性的な恐れで、体を衰弱させてしまう感情です。**恐れの中でもこれ以上深刻な兆候はない**かもしれません。なぜなら慣れが生じるからです。あなたの体が順応してしまうのですが、完全に順応できるわけではありません。よって恐れは、イライラ・不調和・無感覚・不眠といった兆候の中にひそかに現れます。体はだるくなったり、あるいは落ち着かずにせかせかしたり、まるで正反対の兆候に思えるでしょう。しかし不安が何週間も何ヶ月間も続く場合、その期間中に症状は各人の状況に合わせて変化していきます。いずれにせよ、静かに横たわって自分の内側と向き合えば、恐れはすぐに表面に現れてくるでしょう。

絶望

絶望とは、冷たく、重く、不活発で、エネルギーが欠乏する感じです。絶望にはさまざまな種類があります。というのも、慢性的な不安のように、この状態は何週間も何ヶ月も、ときに何年にもわたって続くものだからです。あなたの体は、その期間中に独自の防御壁を作りあげます。たとえば典型的な鬱状態の人が絶望していると疲労を感じますが、必ずしもそうなるわけではありません。逆に活動的な人は、絶望しているにもかかわらず自分を無理に奮い立たせて働き続けることができます。「希望がない」という感覚と結びつくとき、絶望はあなたを**物憂げで鈍感な状態**にします。そもそも状況に望みがないとき、動く意味などありません。絶望した人々は、四六時中寒いと文句を言うかもしれません。彼らは、課題に直面すると、混乱してどうすることもできないかのように、肉体的にもがき苦しみます。絶望すると、急に止まって動かなくなり、反応することさえ拒絶する人はたくさんいます。あらゆる動機を失ってしまう人もいます。**体は、ゆっくり、ぎこちなく、もしくはためらいがちに動く**ことによって、絶望を示唆します。

悲しみ

悲しみは絶望と似ていますが、さらにもっと**冷たくて無感覚**です。体は非常に重く、無力な感じがするので、生きていてもまるで死んでいるように感じるのです。

敵意

敵意は怒りと似ていますが、引き金となる出来事を必要としません。怒るきっかけは常に存在していて、一種の一触即発の警戒心、つまり本格的に怒るためのほんのちょっとの理由も見逃さない用心深さと結びついています。**体はこわばって緊張感に満ちていて、行動する準備ができて**います。

傲慢

傲慢《ごうまん》とは「敵意」と同様、かたちを変えた怒りであり、また慢性的でもあります。常にその兆候は存在していて、尊大で、軽蔑《けいべつ》的で、お高くとまった行動をとり始めるには、些細《ささい》な引き金だけで十分です。しかし傲慢さは、敵意よりも深いところに内在する「怒り」を埋め込んでいて、それがあまりに深いため通常は熱を帯びているはずの感情が冷たくなるほどです。傲慢な人々は、感情を抑圧し、コントロールしているので、爆発することはありません。その代わりに、**口はきっと結ばれ、目つきは冷たく、硬い表情で、冷静に抑えた感じ**で激怒しています。

体が送って来るこのような合図に気づいたら、とるべき最初のステップはそれらの合図を信頼することです。そして次に、その奥にどのような動機があるのか吟味することです。境界線がある場合は、自分でも意識していない方法で行動させられます。**エゴはそれ自身で信念を持っている**ので、その信念を押し通そうとしますが、体は言うことを聞きません。ここにエゴが持つ信念の例をいくつかあげてみます。

尊大

尊大さとは、より大きく、より強く、より統制がとれ、より制御できているように見せるための全体的な戦略です。身体的には、傲慢さ、そして制御された怒りの兆候として出てくる傾向があります。欲求不満が示す兆候は、何に対しても決して満足しないことです。首が凝ったり、顔が上向き加減だったりして、体は固くなりがちです。胸はしめつけられるか、もしくは開いています。こうした兆候とともに、尊大な人は、**短気・好戦的・よそよそしさ・完全却下**といった典型的な行動を示します。挑まれると、もったいぶったように振る舞います。完敗すると、たじろいで身を引きます。

とげとげしい・怒りっぽい

とげとげしさと怒りっぽさは、「恐れ」と「不安」に対処するためのエゴの戦略です。

人は、実際よりも強いセルフイメージを外側に投影しようとしますので、ちょっとした侮辱でも脅威や傷として感じるのです。エゴが行うあらゆることと同様に、この戦略にもさまざまな側面があります。意地悪な人というのは常にとげとげしく、特に引き金を必要としません。意地悪な人たちは、常に怒りと嫌悪を感じています。利己主義は「不安に起因する自分勝手さ」とも言えますが、自分は他人を欺いているという感覚を常に持っています。ですから、**怒ることは本当の姿を見破られないように先に相手を攻撃する利己的な方法**なのです。

――批判・完璧主義

批判と完璧主義は、他人があなたを攻撃してくる前に攻撃するというもうひとつのパターンです。この場合、**批判をする人は、自分が不完全だと思われることを恐れて**います。自分が間違っているとか、欠陥があるという感覚が内在しているのです。自分は決して十分ではないという感覚は外側へと投影されます。「もし自分が正しくないのなら、あなたも絶対に正しくない」というものです。私たちのエゴがこのようなものの見方を採用するとき、エゴは「不安」や「恥」から私たちを守っていると考えています。完璧主義者は「この世に十分によいものなど何もない。だから**自分が十分によくなることはありえないと感じるのは正しい**」と証明できるように、達成不可能な基準を持ち続けます。ここには明らかに「怒り」の要素もあります。批判的な人や完璧主義者は、相手を攻撃しながら「個人的なことではない」と言い訳しつつも、彼らにとってそれは常に個人的なことなのです。

依存

依存とは**「恐れ」に直面したくないがゆえ、無力なふりをする**というエゴの手法です。依存的な人々はしがみつき、助けを必要とし、責任を負うことを拒みます。自分より強い人々を理想化して、そういう人々にしがみつこうとするのです（まるで英雄を崇拝するファンタジーの世界のように）。内在する身体的兆候は「不安」「憂鬱」「恥」です。依存的な人々は、幸せなときには元気になります。彼らは「愛されること」を愛しているのです。しかし、寄りかかる人が誰もいないとき、冷たく、引きこもり、憂鬱になります。たいていの場合、自分自身については漠然とした感覚を持っています。なぜなら、自分が望むものをどうやって得ればよいかわからないからです。彼らは望むものを得るために、まるで子どものように他の誰かに依存するのです。体が弱く、不器用で、一貫性がなく、けがや病気にかかりやすくなることによって、子どもっぽく未熟であるという兆候を示すことがよくあります。

競争的・予想以上の成績をおさめる・威圧的

競争的で、予想以上の成績をおさめ、威圧的に行動することとは、ごく一般的なエゴの戦略です。つまり、**充足を自分の外側に求め、勝つことに依存**するのです。内在している感情を読み取るのは困難で、それは「怒り」だったり「恐れ」だったりします。そういう人は外的な達成に非常に執着していて内側を見つめる手段がないため、実際に内在している感情にはさまざまなものがあると考えられます。また、身体的兆候も読み取るのが困難です。なぜなら競争的な人々は元気に動き回れるよういつも努力しているからです。しかし失敗したときの身体的兆候は非常にわかりやすいです。なぜなら「怒り」

や「欲求不満」や「憂鬱」につながるからです。生まれながらの勝者は、失敗してもそうした感情を吟味する代わりに充電して再び立ち上がれるまでじっと待ちます。しかし過度に競争的な人々は、どれほどエネルギーに満ち溢れているように見えようと、自分がいちばんでいるためにどれほどの代償を支払うのか、内心わかっているのです。彼らはトップに登りつめることに興奮しますが、いったんそこに登りつめると疲労と不安を感じ、明日何が起こるか心配になるのです。その心配は、より新しくてより若く、自分のように競争的な人たちが現れるのを避けられないということです。そのような勝者たちは、やがて困惑と混乱という結末を迎える可能性があります。彼らは自分が名づけるところの**「弱い」感情を守るための内的な障壁を非常にたくさん作って**しまったため、最終的に内側を見つめることにしても、それをどのように行うべきかほとんどわかっていないのです。

敗者でいる・予想以下の成績をおさめる・逃げ腰

敗者でいること、予想以下の成績をおさめること、逃げ腰でいることは、勝者であることはまったく反対の戦略です。こういう人たちのエゴは、決して競争したり完全に没頭したりせず、傍観者の立場にいることを好みます。エゴは傍観者としてブラブラしている間に人生が過ぎ去っていくよう仕向けるのです。身体的兆候を見つけることは、概して難しくありません。そのような人々は**常に疲れて物憂げな感じで「不安」の兆候**を示しています。それはつまり、彼らを冷たく、緩慢で、軟弱で、無防備で傷つきやすくしてしまう、慢性的に潜在する「恐れ」です。彼らの体は、まるで敗北したかのように、前かがみでうなだれて見えます。胸は沈みこんで、姿勢は前かがみです。目をそらしているか、下を見ています。彼らは一般に、見られたり気づかれたりしたくないという感覚があるので、体は縮こまったように見えることがよくあります。実際は仕事をしていて家族を養っているような人が、**内面では常に挫折感を抱いていたりする**のです。そのせいで、奇《く》しくも成長することに失敗したかのように、自分は小さく、弱く、未熟だと感じています。

　意識を拡大させるためには、こうしたエゴが持つ行動指針の先を見て、自分が何を動機にして行動しているのかについて正直でいることを学ばなければなりません。エゴと体の間では常にある種の交渉が行われています。**体があなたに語りかけようとしていることに意識を向けると、エゴはその行動指針を強化し続けることはできなくなります。**気楽で、気ままで、自発的であるはずの経験の流れを阻害しているという物的証拠が、あなたの体の状態です。ですから、あなたが凝り固まったエゴの戦略に頼っている自分を見ることができたら、それをありのままにとらえて、そしてその戦略に頼るのをやめてください。あなたが尊大に、依存的に、もしくは横柄な様子でふるまい始めたまさにその瞬間の自分をとらえなくてはなりません。あなたのエゴは自動的にそうした行動を始めるでしょう。まるで筋肉のように、行動は記憶を持っているのです。たとえほんのわずかでも、いったんあなたがそうした行動を誘発すると、すぐさま始動してしまうのです。

あなたが自分の体をチェックする方法は、ただ単に意識することです。そこには、内在する感情の兆候が常に存在しているでしょう。**その感情を感じてください。寄り添ってください。**そのように感情に触れることで、不快な身体的感覚が自然に消えていきます。あなたが持ち続けていたゆがんだエネルギー、もしくは滞ったエネルギーを体が解放するにつれて不快感が減っていくのです。この方法によってのみ、防御壁をなくすことができます。あなたが意識しない限り、変化を起こすことは不可能でしょう。しかし体を意識するようになると、防御壁が薄くなり始めます。そしてあなたの現実は、努力しなくても、あるがままで、より受け入れやすいものになり始めるのです。

進んで変化しようとする自分を褒めてあげてください。意識は、最も制限されている境界線をも克服することができます。なぜなら**どんな境界線も、意識からできている**に過ぎず、その意識が、制限の領域を拡大させる代わりに縮小させることに決めたからです。また、あなたの体が正直であることに感謝してください。**体は、心が拒んでいるときも、魂を輝かせて**きました。あなたが自分の体とつながると、たとえそのつながりが小さくても、永遠で完全に、安心して暮らせる人生の次元としての魂に、あなたを近づけてくれるのです。

breakthrough＃3

魂のように無限になろう

あらゆる境界線を超えるためには、大きなブレイクスルーが必要です。私たちは**限定された言葉で思考することに慣れすぎてしまったため、魂さえも限定された**ものになってしまいました。魂は、たまたま目に見えないけれど「モノ」になってしまったのです。英語では"I have a soul."(私は魂を持っている)という表現を使います。「持っている」という言葉は、その文の中でどんな意味を持つでしょう。それは「家を所有している」とか「仕事がある」と同じようなことを意味しているように見えます。まるであなたの魂があなたに属しているかのような、「所有」を暗に意味しているのです。もしあなたが本当に魂をそのようなかたちで所有しているとしたら、次のようなこともまた真実かもしれません。

- あなたは魂を失うかもしれない
- あなたは魂を譲り渡すかもしれない
- あなたは魂に値段をつけるかもしれない
- あなたは自分の魂がどこにあるか知っているだろう
- あなたは自分の魂と他人の魂とを比べることができるだろう

これは、魂は目に見えない物体であるという考えから派生する、厄介な含蓄に過ぎません。この一覧がすべて正しいと信じている人もいるでしょう。魂を失う、魂を悪魔に売る、もしくは魂を悪魔に持ち去られる、といった伝説は、ほとんどの文化において見られるものです。今日においてさえ、敬虔なキリスト教信者にとって、魂を失うことは非常に現実的な脅威として立ちはだかっています。しかし私たちは新しい考え方を見つける必要があります。なぜなら、**魂が失われたり、救われたり、祝福されたり、批判されたりした途端に、魂は物体になってしまう**からです。ブレイクスルーを生み出し、あるがままの魂に向き合うときが来ました。

神話的ではありますが、あなたが「所有」している魂の代わりに、至るところに存在している境界のない魂があります。魂は本来、永遠とつながっていて、すべての「思考」「感覚」「願望」「夢」「ビジョン」の原点である純粋意識からできています。最も純粋な色彩である白色について考えてみてください。白い色を見ると、すべての色彩がそこから発生しているようには見えませんね。むしろまったく反対、つまり**白色自体は色がないため、どんな色もそこから抽出することはできないように感じる**ことでしょう。

純粋意識はさらに先を行っています。それは思考ではないけれど、すべての思考はそこから生じています。また、感覚ではないけれど、すべての感覚はそこから生まれます。実際の時空間において、純粋意識はどんな経験をも超越しています。始まりもなく、終わりもありません。ビッグバンで生じたすべてのエネルギーを囲い込むことができないように、純粋意識をとどめておくことはできないのです。それでも魂は、あらゆる創造に影響することができます。境界のない魂は、あなたの中、あなたの周囲、あなたの体を通して流れています。そしてそれが真のあなたです。なぜならそのような魂があなたの源だからです。

宗教は、魂を「私のもの」とか「あなたのもの」といった個人レベルに落とし込むことで魂を退かせてしまったと私は考えます。なぜなら、永遠なる神と同様に、境界のない魂もとてつもない存在だからです。宗教が必要としていたのは、もっと扱いやすい魂でしたので、雲の上に腰かけて神の子たちを見下している人格を持った神が、神の子たちの心の内側にぴったりおさまる個人的な魂を与えたというわけです。**魂を私有財産の一部となぞらえれば、その扱いはより簡単になりますが、現実はゆがめられて**しまいます。その現実を取り戻してみましょう。私たちは、魂のように無限になることができるのでしょうか？　私はできると思います。それこそまさに、私たちの旅の目的地なのです。境界線の内側で生きることによって限界や苦しみが生み出されるのなら、残された唯一の手段は、境界線の外側で生きることです。そこには苦しみはなく、真の充足が存在します。境界のない魂は、失われることも救われることもなく、神によって否定されることも追い出されることもありません。なぜなら神も同じ純粋意識でできているからです。

「私の魂」という考え方を捨てると、境界のない無限の創造に参加することができるようになります。そのような選択肢があることに気づいていない人は無数にいます。さらに多くの人が、境界のない人生を目の前に差し出されたとしても、それを選ぶことをしないでしょう。境界線の中で生きることで、安心感が与えられます。けれど、これは二者択一の選択肢になるのです。この点について説明しましょう。

南アフリカの先住民であるブッシュマンが、水のありかを探す際に用いていたと言われる賢い方法があります。現存する最古の人類種と考えられているブッシュマンたちが長く暮らしてきた砂漠地方では、水が乏しく、乾季になると水を見つけることが困難になります。しかし、人知れぬ泉や水たまりを常に見つけられる生き物がいます。それがバブーンです。ブッシュマンは、中が空洞になっている木の中に、選りすぐりのナッツを置いておくことでバブーンをおびき寄せ、水のありかを示させるのです。木の空洞の開口部は、バブーンがやっと手を入れられるほどの大きさです。ナッツに手が届き、ひと握りつかむと、バブーンはそのナッツを外に出すことができなくなります。でも欲張りなバブーンは、せっかく手にしたナッツを諦められず、罠にはまるわけです。何時間も経過し、ついにバブーンは喉《のど》が渇いて、そこにとどまることができなくなります。ナッツを手放し、即座に水を求めて走り出します。それを潜んでいたブッシュマンが追いかけるわけです。バブーンは意図せずして、ブッシュマンの導き役になるのです。

これは、魂にまつわる教訓だと言えます。ほしいものにしがみついている限り、バブーンは罠にはまったままです。しかし手放した瞬間に自由を勝ち取るのです。「私のもの」と言って何かに固執している限り、あなたは自由にはなれません。**魂は、固執することも、自分のものにすることもできない**のです。ブッシュマンの罠にはまったら、手放すことによってしか自由を獲得できません。境界のない魂の神秘は、これら二つの課題に行き着きます。つまり、あなたが**どれほど自由になりたいと願っているか、そしてそれをいかにして手放すか**、です。

手放す方法

実際問題として、人々は**執着することと手放すことの間で板挟み**になっています。私たちの社会では、夢を抱いたり、希望を持ったり、生計を立てたり、信仰を持つことなどは、ポジティブな観点でとらえられていますが、いずれも執着することだったりします。そこにはエゴの痕跡《こんせき》が見られるのです。エゴは間違った理由で、長い間、執着するものです。なぜならエゴは「正しくある」ということに偏った関心を持っているのです。では境界線の中で生きることは正しいのでしょうか？　エゴが確信していることに立ち向かわないことには、それが正しいかどうか決してわからないでしょう。だからこそ、簡単に手放すことなど、めったにできないのです。考えてもみてください。自分は正しいと主張するために、みじめな夫婦関係を続けている人々がどれほどいることでしょう。痛みも苦しみも、正しくありたいという願望に打ち勝てるほど強くありません。世界の宗教の間で、十字軍、ジハード、その他の宗教的暴力というかたちで定期的に勃発《ぼっぱつ》する、終わることのない戦いがこのことを証明しています。すべての宗教は平和を説いているのに、平和を巡る宗教戦争が、固持している価値そのものを破壊している。あらゆる宗教は、神の愛は地上の模範として追随されるべきと信じていますが、愛は闘いのさなかで消滅してしまっています。

魂の次元で生きていくには、手放すことが必要不可欠です。これは、あなたが最終的に選択することとなるでしょう。日常生活において、二者択一の選択を明確に定義することができます。二者択一の選択肢がどのようなものか次にあげてみましょう。

魂　↕　エゴ
受容する　↕　拒絶する
賛成する　↕　批判する
協力する　↕　対立する
手放す　↕　執着する
平穏でいる　↕　動揺する

許す ↕ 憤慨する
無私 ↕ 利己的
平和 ↕ 葛藤
判断しない ↕ 裁く

魂はエゴと同様にあなたの一部です。単純にどちらかを選べと言われたら、誰もが魂の道を選ぶでしょう。拒絶するより、受容するほうを選びますし、動揺するよりも、平穏でいることを望みます。それでも人生は困難をもたらし、そうした困難に立ち向かうためには、決して単純ではない選択を強いられるのです。たとえばあなたの家に泥棒が入り、警察に逮捕された十代のカップルが、盗んだ薄型テレビをまだ持っていたとしたらどうでしょう。テレビを返してくれたら訴えないという選択をするでしょうか。テレビがすでに売却された後だったらどうでしょう。訴えたいという気持ちはさらに強くなるでしょうか。慈悲と懲罰の間で行われるこうしたやりとりは、エゴと魂が別の方向に向かっているときに常に現れる分かれ道の象徴なのです。

ありふれた日常における行動が、あなたを魂から遠ざけてしまいます。一両日中に、あなたは次のようなことをするかもしれません。

- 何かを経験する前に拒絶する
- 他人もしくは自分自身を批判する
- 新しいアイデアに反対する
- 自分の意見や観点に固執する
- 心の中で動揺する
- 自分のおかれている状況を後悔する
- ある状況の中で対立の度合いを増す
- 何よりも自分の利己的な利益を考慮する
- 他人を裁き、責める

これらは、いずれもエゴが強くなっている状況です。もちろん誰でも、何も考えずにこのような反応をしてしまうものです。もし考えた上での反応だとしたら、エゴを選ぶことが正しいと感じているのでしょう。しかし、このように固定的でかたくなな態度は、結果的に非常に大きなダメージを受けます。私たちは皆、エゴを極限まで肥大化させた予測可能な人々に苛立《いらだ》ちを覚えるものです。なぜなら、あなたが何を言おうと何をしようと、そういう人々は**自分の敵対的態度、頑固さ、自己中心さなどを決して変えない**からです。けれども、あなたが**手放すことを妨げているのもまた、同じくこのような傾向**なのです。

あなたのエゴが完全にネガティブな意図を持っているということではありません。本来エゴにはネガティブな意図はないのです。エゴは、主に自己防衛から作動します。非常にまれですが、**自己防衛をせずにこの世の中で対処していく方法**を意識的に学んできた人々もいます。そういう人々が自らの身を守る際には、高次の力に頼るのです。そしてそれこそ私たちが学ばなくてはならないことです。そうでもしなければ、自分の防御壁の外側に出ることは決してないでしょう。私たちは聖人になるよう求められているわけではありません。あなたがよい人間かどうかという問題ではないのです。ただ、**手放すことがすべてに通じる道**であるということを十分に理解する必要があるだけです。

なぜ手放すことがそんなに難しいのか、考えてみましょう。あなたに**反論したという理由だけで誰かを拒絶**した、いちばん最近の事例を思い出してみてください。もしくは、**反対したいという強い衝動があるために協力することを拒む**ことがどのようなものか、心の中で感じてみてください。日常生活において、大なり小なり、こうした衝動は非常にたくさん生じているものです。あなたのエゴは、何度も何度も、次のような主張をし続けます。「自分の利益を追求するように。あなたに味方する人など誰もいない。自分の願望を犠牲にするわけにはいかない」と。

こうした反応は、心理学的には**現在ではなく過去の影響**によるものです。エゴは、傷ついた子どものように考え行動するようあなたを促します。そのような子どもは、ほしいものをほしがっているだけなのです。目の前の状況より先を見通す能力はありません。そしてほしいものが手に入らないと、傷ついた子どもは、すねたり、たじろいだり、かんしゃくを起こしたりします。「インナー・チャイルド」という言葉で無邪気さと愛の理想として美化されてきましたが、私たち全員の中にインナー・チャイルドは存在しています。あなたの魂はインナー・チャイルドを通して輝きますが、インナー・チャイルドはまた、**怒り、傷つき、自己中心的な幼児の思考を具体化する影の部分**を持っています。エゴがそうした影のエネルギーにどっぷり浸かってしまうと、そのエネルギーによって、ひどく退行的な行動をするよう駆り立てられてしまうのです。

破壊的なだけでなく、分別のない子どものような影の部分を持っているという事実を直視することは、精神的に安定している大人には難しいことです。しかし影の部分を乗り越えてしまえば、ポジティブなものはすぐ目の前にあります。どんなスピリチュアルな伝統も、人間性のある側面であり、魂として表象されている「ハイヤーセルフ（高次の自己）」を呼び覚ましてくれます。私たちはキリストが説いた「愛」と、仏陀が重視した「慈悲」の中に自分自身を認識します。どんなスピリチュアルな伝統においても、罪や無知と同一視される低次元の性質は変容するべきだと明確に示されています。しかし残念ながら、その選択肢は的はずれな方法で提示されています。あなたの低次元の性質が罪深いと言われながら、どのようにして愛を適用することができるのでしょう。**低次の自己を批判することは、愛に反する**ことです。誘惑と闘うように言われながら、どのように平和を採り入れることができるのでしょう。最終的には、分断された自分の性質を癒す代わりに、その中にはまりこんでしまうのです。

実際の問題として、あなたが批判的に見ている自分自身の一部が変化することはないでしょう。協力しようとするどころか、実際はまったく反対です。あなたが反対しているものが何であれ、それはさらに奥深く根づきます。結局、あなたはその部分の存在を脅かしているのです。政治的な側面からひとつの例をあげてみましょう。というのも、内的世界よりも、外的世界を理解するほうがより簡単だからです。アメリカ合衆国では、二度目のイラク進攻を支持する人々と反対する人々との間に根深い対立ができあがりました。最終的には、戦争反対の議論のほうが圧倒的多数ではないとしても有力となりました。ある実験で戦争支持派の有権者グループをひとつの部屋に入れて、十段階で戦争支持の度合いを評価するよう求めた後に、戦争反対の理由に関する話を聞かせました。その年は2008年で、イラク戦争が始まって五年が経っていました。よって、大量破壊兵器やテロの脅威、民間死傷者といった最も異論の多い論点についての客観的報道も大量にあったのです。

実験者側は、私心を挟まぬよう慎重に、できるだけ事実に基づいた反戦の立場を示しました。講義が終わると、被験者たちに自分の戦争支持の立場を十段階で評価するよう再度求めたのですが、結果は驚くべきものでした。彼らは実際に戦争支持の立場を強めていたのです。その理由は反戦に関する事実に不信感を抱いてしまうということではありませんでした。彼らはただ、**自分の考えの間違いを思い知らされるのが嫌だったの**です。

同様に、あなたの一部が批判的な判断をされたら、その一部は黙ってはいないでしょう。外的な反対に直面すれば、必ずと言っていいほど自己中心的・批判的・嫌悪的になってもっと強く反論しようとするのです。スピリチュアルな伝統においては、エゴに自己防衛的な働きをさせないようにするプロセスがあるということは考慮されてきませんでした。キリスト教は、道徳、罪、神の怒りの脅威という観点に論点を置くことによって、効果的な手法とはとても言えないような立場をとってきました。仏教は道徳的な傾向がやや少なく、極度に微細で心理学的な仕組みを持っています。しかし簡略化していえば、仏教の実践は、無知と幻想の源としてのエゴを直接攻撃する「エゴの死」という修行に要約することができるでしょう。

「低次の自己」と「高次の自己」を著しく対照的なものと見なすこと自体、そもそも無益なことです。勝つか負けるかしなくてはならないような、よいところと賢いところだけの全知全能の自己というものは存在しません。人生とは、意識のひとつの流れなのです。意識以外のものからできているところなどありません。「恐怖」も「怒り」も、実際には「愛」や「慈悲」を生み出しているのと同じ純粋意識からできています。エゴと魂の間に障壁を作ることは、このシンプルな事実を認識できていないということなので

す。最終的に「手放す」ということは、あなた自身の**悪い部分を批判して捨て去ること**
によってではなく、相反するもの同士をひとつにしていくプロセスによって達成されま
す。あなたのエゴ自身が、魂と同じ現実に属していると理解しなくてはなりません。エ
ゴが自ら、魂との共通点が非常に多いということをわかる必要があります。そしてその
結果、エゴがよりよい人生を送るために自己中心的な意図を手放すわけです。

あなたの人生において

――あなたは私ではない

実際の人生では手放すことが困難な多くの状況がもたらされます。幸いにも、それに対処する際に常に役立つ方法がひとつあります。それは、困難な状況下における自分の反応に焦点をあてる代わりに、そこから一歩離れて真の自分というものを再認識することです。真のあなたは先の予定を持っておらず、今に生きていて、人生に対してオープンに反応します。だから、エゴから生じる「事前にプログラミングされた反応」に対してとる態度は常に同じものなのです。それは「あなたは私ではない」というものです。「恐怖」「怒り」「嫉妬《しっと》」「嫌悪」「虐待」、もしくはどんな条件付けされた反応も、生じるにまかせてください。それに反対してはいけません。でもそれを**意識した瞬間、「あなたは私ではない」と言ってください。**

これは一石二鳥です。あなたはエゴに対してそのゲームの本質を見抜いているということを知らしめ、同時に真の自己に助けてくれるよう求めているのです。もし魂が真のあなたであれば、そしていったん魂に対して自らをオープンにすれば、あなたを変容させるパワーを持っています。次のような状態のときはいつでも、魂の次元から反応しているのだということがわかるでしょう。

- 目の前の経験を**受け入れる**
- 他人も自分も好意的に**評価する**
- すぐにできる解決策と**協力する**
- ネガティブな影響から自分を**引き離す**
- ストレスに直面しているときも**穏やかさ**を保つ
- あなたに反論したり不当に扱ったりする人々を**許す**
- 誰にも公平で**私心なく**状況に対処する
- **平和な**影響を及ぼす
- **裁かない**中立的な態度をとり、誰にもその人が間違っていると感じさせない

こうした反応は、強制することも事前に計画することもできません。もしあなたが本当に変容したいと望むならなおさらです。自分をよく見せることができそうだからという理由だけで、こうした反応をとることは破滅につながります。あいかわらず狭量で利己的な人々に出会うことは嫌なものですが、見せかけの美徳も同様にひどく腹立たしいものです。見せかけだけの問題は、本当に必要なこと——手放すこと——が起こらな

かったということです。「徳があると思われる」ということは、本来の姿よりよく見せたいという、エゴの新しい計画が発動しただけに過ぎません。

自分がエゴから反応していることに気づいたら、**立ち止まって「あなたは私ではない」と言ってください**。でもそれはいったいどういうことなのでしょう。あなたの魂が新しい反応をもたらすための、四つのステップがあります。

それは次の通りです。

1 自分の中心にとどまる
2 明晰《めいせき》でいる
3 最善を予期する
4 成り行きを見守る

それではひとつひとつ見ていきましょう。

1　自分の中心にとどまる

　ここまで読み進めてきて、ほとんどの人が自分の中心にとどまることの価値についてわかっているでしょう。その価値とは、静寂で安定している状態です。自分の中心にとどまっていないとき、あなたは散漫で調子が悪いと感じます。相反する感情がぶつかり合います。次々起きる出来事にあちこち振り回され、あなたの反応も安定しなくなります。自分の中心にとどまっていない極端なかたちがパニック状態です。「気が散る」「落ち着かない」「混乱している」「心配」「見当がつかない」といった緩やかな状態もあります。残念ながら、自分の中心にとどまるほうがよいと知っているのと、**自分の中心にたどり着くこととは同じことではありません。**

　自分の中心とは、どこにあるのでしょう。ある人にとっては「胸の中央」、もしくは「心臓そのもの」であり、他の人にとっては「みぞおち」だったり、単に「内側に入っていく」という一般的な感覚だったりします。しかし自分の中心とは物理的なものではありません。鼓動が激しいときや痛みがあるときに、心臓はあなたの中心にはなりえません。腸が緊張状態にあるときに、みぞおちはあなたの中心になりえません。体はいつも意識を反映しているので、あなたの中心は意識の中にあるのです。このことは私たちに正しい方向性を示しています。しかし意識は常に変化しているので、問題はあなたが揺らぐことのない静寂と平和をどこに見出せるかということなのです。

「絶対的な静寂と平和は、瞑想《めいそう》を通じて到達する魂の次元にある」と聞いても、あなたは驚かないと私は確信しています。私はこの点について『あなたの年齢は「意識」で決まる』にも書きましたが、あなたが誰であろうと、どのような危機に瀕《ひん》していようと、この平和と静寂の場は決して壊されることはないという点は、何度も繰り返し述べるに値します。そこに近づこうとするだけでも、その効果を経験できるのです。あなたが自分の中心を求めたいとき、邪魔されることのない静かな場所を見つけてください。目を閉じて、体のストレスを受けている箇所を感じてください。一定のリズムで楽に呼吸し、体のその箇所からかき乱されたエネルギーを解放してください。

あなたの心には、ストレスを受けた思考が含まれています。こうした思考は通常、あなたが**体を落ち着かせれば消えていく**ものです。もし消えなければ、その思考の背後に潜むエネルギー、つまり恐怖と不安のエネルギーを吐き出してください。

方法は次のようにいくつかあります。

クラウン・チャクラを通す方法

ヨガでは、頭のてっぺんはエネルギーセンター（チャクラ）だと考えられています。そこは、**エネルギーを解放するための効果的な場**です。目を閉じて、体の中に一筋の白い光が頭に向けて上がっていき、頭のてっぺんの小さな出口を通って放出されるのをイメージしてください。その一筋の光は細いですが、頭の中で渦巻くすべての思考を集め、クラウン・チャクラを通るその一筋の中にそれを映し出すのです――一筋の光によって集められ、運ばれていく、渦巻く煙としての思考を視覚化してもよいかもしれません。

呼吸

長く息を吐き出してください。それはバースデーケーキのろうそくを吹き消すようで、それよりもゆっくりとした感じです。**吐いた息が白い光となって、ストレスを受けたすべての思考とともに、上へとのぼっていく**のを見つめてください。光がどんどん上にのぼっていき、部屋を超えて、もう見えなくなるまで見つめてください。

トーニング

息を吐くのと同時に、高い音をたてることも効果的です。「イー」という静かな音です。最初のうちは、妙な演習だと感じるかもしれませんが、たとえトーニングや呼吸を初めて試したときにうまくできなかったとしても、エネルギーを上昇させて体から外に出すために、白い一筋の光を使うだけでも効果があるでしょう。

2 明晰でいる

手放すためには、精神的に明晰でいることが必要です。真偽の区別ができなくてはならず、それによって自分が手放したいものを特定することができます。恐れを感じているときは、恐怖そのものが自分であるかのように思えます。怒っているとき、怒りはあなたを乗っとってしまいます。しかし、こうした葛藤や情緒不安のすぐ後ろには真の自分がいて、あなたが自分自身につながることを待っているのです。

この点についてわかりやすく説明するために、ジェイコブの話をしましょう。ジェイコブは、成人して以来ずっと鬱で苦しんだ後に、私に会いに来た男性です。この本を書いている時点で彼は五十歳になります。ジェイコブは治療を受けに来たのではなく、彼が求めていたのは、どうすれば本当の変化を成し遂げることができるか、ということでした。私は彼に**「鬱は手放すことで克服できる」**と言いました。手放すためには、少し基本的なことを明確にしなくてはいけませんでした。

「あなたが自分の鬱についてどう感じているか見てみましょう」

私は言いました。

「あなたの鬱が、人のかたちをとり、ドアを開け、中に歩いて入ってきて、あなたの向かい側にある椅子に座るのをイメージしてください」

ジェイコブは目を閉じ、想像し始めました。数分後、彼は自分の鬱を、足を引きずって部屋に入ってきた腰の曲がった老人としてイメージしたことを私に告げました。その老人は臭くて、汚らしい軍服を着ているとのことでした。

「上手にできましたね」と私は言いました。

「あなたはその男を見て、どのように感じていますか？」

ジェイコブは、嫌な気分だと答えました。

「私にではなく、その男に向かって言ってみてください」と言ったところ、ジェイコブは最初は躊躇《ちゅうちょ》していましたが、少しなだめるような口調で老人に語りかけました。

「あなたは私をひどく怖がらせるし、疲れ果てさせます。私の心は不安と戦っています。そして他人は私を物憂げで受動的な人間だと見ている一方で、私は一日中悪魔と格闘しているかのような感じがするのです」

いったん語り始めると、ジェイコブの非難はどんどん激しくなっていきました。彼は敵意と苦悩の感情を吐露しました。彼は、その猫背の老人のせいで無力感を抱き、自分の苦しみを表現することがどれほど困難かについて苦々しく語りました。

私は、ジェイコブが疲れ切るまで、すべてを吐き出させました。

「あなたの中にいるこの老人を追い出さない限り、決して鬱を乗り越えられないでしょう」

私は言いました。

「あなたがこの老人を追い払い、罵《ののし》っている限りは、その老人は変わらないでしょう。問題はあなた自身の一部に向けられていたのですが、それは真のあなたではありません」

ジェイコブは静かになりました。私たちは古い友人同士だったので、親密に話すことができました。

私は彼に「あなたはずっと鬱でい続けるつもりはないですよね」と言いました。

しかしこの老人は彼自身の一面でした。それは、**創造されたゆがんだセルフイメージ**であり、年月を経て、それ自体が命を持っているかのように見えるほど多くのエネルギーを得てしまったのです。

「あなたは鬱のせいで自分が無力だと感じています。なぜなら他に選択肢がないと信じているからです。あなたは自分が鬱でなかったときの状態を思い出すことができていません。実は、あなたには選択肢があります。まず老人と交渉し、もう出て行く時期だと告げれば、鬱のエネルギーを解放することができます。そして瞑想して、鬱ではない意識の中にある次元を見つけることができますが、もし鬱状態にあることが自分の永久的な一部であると考え続けるなら、それもまた選択です。あなたは自分の選択に対して責任を持つ必要があるのです」

　私は、ジェイコブが自分の鬱に向き合い**「あなたは私ではない」**と言うことができるほどの明晰さを与えようとしていたのです。

　この会話は、単なる始まりでした。時々、私たちは連絡をとり合い、そしてジェイコブはしばらくの間姿を消しました。最近、彼は再び姿を現したのですが、明らかにもう鬱ではありませんでした。エネルギーは以前より強く、そしてポジティブになっていました。

「あのやりとりが功を奏したのかな？」

　私は彼に尋ねました。

「そう思います」

　ジェイコブは静かな確信を持って答えました。

「ちょうどよいタイミングだったに違いありません。なぜなら私はすべてを委ねたからです。闘いは私の中から消えて行きました。それまではいつの日か鬱に打ち勝つという希望を持って、自分をその気にさせてきたのです。でもあなたは正しかった。**鬱を憎むことは、まったく意味がなかった**のです」

ジェイコブは、私と会っていなかった間も、自分の人生を立て直していました。女性とも真剣に交際を始め、スピリチュアルな活動のために働き始めました。鬱のことは無視して、鬱が及ぼしていた影響力を最小化することに決めました。しかし決定的だったのは、考え方の変化です。彼は自分自身を受け入れ、**鬱は自分の真の姿ではないということを理解し始めました**。

「多くのことが明晰になったのです。私は以前よりも自分自身に対して優しく、おおらかになりました。自分を追い込んだり、裁いたりすることをやめました。それには時間がかかりました。突然何かが起こったわけではありません。でも自分の内側にスペースを広げるにつれ、新しいものが中に入ってきたのです。私は自分の心に落ち着く許可を与え、激しく競争することもなくなりました。絶望状態に陥ることもなくなりました。いったん平静さを感じると、後はゆっくりと目覚めていくような感覚でした。世界がもっと明るくなりました。徐々に、幸せでいることが可能になっていったのです。それこそまさに、最高の方法だと私は思っています」

明晰さというのは内的なものなので、混乱していたり動揺していたりすると理解できなかったような真実を持って帰ってきてくれるのです。自分の嫌いなところがあっても、それを変えることはできないということはおわかりでしょう。苦しんでいる多くの人々が、自分自身との闘いという徒労を経験しているのです。自分の憎んでいるものが、実際には独立して存在しているのではないということを受け入れるとき、ブレイクスルーが起こります。

「これは私ではありません。これは私の一時的な姿です。私がそれを**手放すまでのエネルギー**なのです」

もしあなたがアルコール中毒で、「酒を飲むことそのものが私なのだから、我慢してくれ」と言う場合、あなたは癒しへと向かってはいません。その自己防衛は、無力さが別のかたちをとったものです。心の奥底では、変化は失敗に終わるだろうと思っています。必要とされているのは、それまでとは違う考え方であり、もしくはむしろ考え方など持たないことです。あなたには**手放すべき「エネルギー」「感情」「癖」、そして「感覚」の束**があり、そしてそれだけのことなのだということがはっきりわかります。当然ながら、明晰さがもたらされる一瞬が、すべてを変化させるわけではありません。何年もかけて大きくなったものは、もとに戻る際にも時間がかかるものです。しかし明晰さがあれば受容できるようになります。受容へと向かうどんな小さな一歩でも、魂への道筋を開くのです。

3　最善を予期する

何かよいことが起きてほしいから手放すわけではありません。あなたは、自分の中の最善の部分、つまり**魂があなたとひとつになれるように手放す**のです。ちょっとした怒り、恐怖、嫌悪を手放すことはそれ自体、些細なことに思えるかもしれません。状況を設定してみましょう。小さな狭苦しい家に住むのに慣れている自分をイメージしてください。あなたはこの窮屈な空間にあまりに慣れてしまったので、ほとんど外出することもなくなります。しかし、もっと広い世界を経験するのはよいことかもしれないと思うとき、不安とは無縁の瞬間がやってきます。そしてあなたは扉を開けます。そして外へ一歩踏み出すと、光でいっぱいの、あらゆる方向に向かって永遠に広がっていく広大な風景を目の当たりにするのです。

「ああ、ここには喜びと愛がある」とあなたは思います。これが本当の充足感です。だから、この光の地に永久に住みたいと願いつつ、あなたは外の世界を放浪するのです。でもしばらくすると、こうした愛や喜びのすべてに飽きてしまいます。ともかく、外の世界はあまりに広すぎ、地平線はあまりに無限すぎるのです。あなたは馴染んだ家を懐かしがり、家もあなたを引き戻します。こうして、あなたは戻ってきて、家にいることは安全だと感じます。でもあの広大で無限の外の世界のことを思い出し続けています。しばらくの間、あなたは再び満足します。馴染んだ存在を取り戻すのです。しばらくの間、あなたは再び満足します。再び、あなたは外に踏み出します。そして今度はそこにもっと長くとどまります。あなたの愛と喜びの感覚は、さほど消耗することもありません。外の世界はやはり無限ですが、あなたはさほど恐れはしません。至るところで輝く光はさほどまぶしくはないし、今回はここに永遠に住み着こうと決心します。

これは、エゴと魂についての寓話《ぐうわ》です。エゴはあなたの安全な家です。魂は外の無限の世界です。喜びや愛、自由や至福をほんの一瞬でも感じるたびに、あなたは光の国へと足を踏み入れたのです。とてもすばらしく感じるので、夢中になった恋人同士が決して離れたくないと思うように、その経験をずっと味わっていたいとあなたは思います。しかし、安全な家であるエゴは、あなたを呼び戻します。行ったり来たりというこのパターンは、手放すという行為がどう作用するかを示しています。あなたにとって、それが本物であると知るためには、**無限の魂に何度も繰り返しさらされる必要がある**のです。しかし古い条件付けは、あなたを引き戻し続けるでしょう。やがて、外の世界への旅は、より持続するようになり、さらに居心地よく感じられるようになります。魂は、あなたの中に浸透し始めるでしょう。この融合によって、あなたは自分が無限の世界に永遠に生きることができると理解し始めるのです。それは安全な家よりもずっと自然なものになります。なぜなら無限の世界では、あなたは真の自分でいられるからです。

したがって、最善を予期することは、前向きな思考や楽観主義とは違います。それはあなたのゴールが到達可能なものであるということを前もって認識するということなのです。無限の魂はどれだけかすかであろうと、魂が躍動するたびに経験することができます。このことは「幸福とは偶然に遭遇した一時的な状態である」という心理学における優勢な考え方と相反します。私は、そのように考えることは残念だと思います。幸福の主な構成要素である**愛と喜びが、ごくたまにしか感じられないものであると宣言することは、絶望から生まれた教え**です。安全な家と、その家をとり囲んでいる光輝く土地のイメージを心に焼き付けておいてください。あなたが所有している限られたスペースを手放すよう強制する人はいないでしょう。しかし、あなたは常に永遠を求めるという選択肢を持つようになります。なぜならそれこそがあなただからです。

4 成り行きを見守る

闘いにおける降伏は、最終段階で一度起こるものです。スピリチュアルな道での降伏、つまり手放すことは、何度も何度も起こり、決して終わることはありません。このことから、成り行きを見守ることは受動的な行為ではないのです。それは、我慢する練習でもありませんし、大きな出来事が始まるまでの休憩時間でもありません。何らかの**古い習慣や条件付けを手放した瞬間や、パターン化された反応をしている自分に気づいた瞬間、自己はシフトします。**「自己」という言葉を何気なく用いていますが、自己とは決して単純なものではなく、複雑でダイナミックなシステムなのです。あなたという自己は、大宇宙を映し出している小宇宙です。無数の力が自己を通して動いています。空気のように流動的に、意識が変化するたびに自己も変わっていくのです。

したがって、あなたが手放すたびに何か古いものを宇宙から取り除き、何か新しいものを宇宙に加えていることになるのです。古いものとは暗いエネルギーで、過去からのゆがんだパターンです。これらは、自己システムの中で滞ってしまった残り滓《かす》なのです。それを排出する方法がないため、あなたはそれを回避しながら生きてきました。あなたは、たいていは否定することを通じて、またはそうした要素を見ないふりをすることを通じて、自分の中のネガティブな要素に適応してきました。なぜなら、そうしなければいけないと思っていたからです。手放すことを選択肢に入れる方法を学んで初めて、手放すことが選択肢となるのです。一度手放してしまえば、ネガティブなエネルギーは永久に出ていったままとなるでしょう。

そうすることによって、新しいものが入ってくる余地ができます。新しいものとは何でしょう。それは成り行きを見守ることによって現れるものです。息を吸うときに何が起きるか、考えてみてください。新しい酸素原子があなたの血流に入り込みます。でもそれがどこに向かうかは前もって決められてはいません。酸素原子は、何十億という細胞のどれかひとつの中に最終的には行き着きます。その行き先は、どの細胞が最も酸素を必要としているかによって決定されます。同じことがあなたにも言えます。あなたが古いエネルギーを手放すことによって魂のためのスペースを空けるとき、あなたの中で

最も必要としている部分、最も成長したがっている部分、もしくはひどく癒しを求めている部分が恩恵を受けるわけです。

もっと大規模な例をあげてみましょう。イエスが愛を説く偉大な師となったのは、愛こそ、その信奉者たちが最も必要としていたものだったからであると、私はよく思ったものです。彼らは神の智慧、スピリチュアルな修行、もしくは悟りを開くこと――そのすべては仏教のような他の伝統では支配的なものとなりましたが――を渇望していたのではありません。**もっと人間的な次元で、イエスの聴衆たちは神の愛を求めて**いました。そして愛こそ彼らが自分の中に取り込んだものだったのです。イエスが仏陀と同様、完璧な師であったことは確かです。イエスは高次の意識に至る道、悟りの道までも説きました。しかしそれが示された箇所は、イエスの教えの端々から見つけ出さねばなりません。その教えの表面は、あらゆるかたちをとった愛によって占められているのです。

あなたの魂とはどんなものなのかを知るためには、魂があなたの中に入ってくる際に通る道筋をたどらなくてはなりません。その道をたどれば、もっと愛情深く親切になれるのでしょうか。もっと敬虔で信心深くなれるのでしょうか。「強さ」「真実」「美」「信心」……どんな特性も、魂によってもたらされます。しかしこれらは重ね塗りされるペンキの被膜のようなものではありません。むしろ、それらは酸素が体に取り込まれるように、最も必要とされている場所を求めてあなたの中に入ってくるのです。スピリットで満たされることを、まるで自転車のタイヤに空気を入れるように、必要な要素で人をふくらませることであるかのような表現をしました。現実においては、**スピリットとは、意識が欠けている場所へと旅する意識**なのです。スピリットがやってきたとき、癒しを受けるためにあなたがそこにいれば、成長を格段に加速させてもらえるのです。

実際には成り行きを見守れる人は滅多にいないので、自分の内側で本当に起きていることを見逃してしまいます。自分の願望や幻想に固執して気を散らしている間に、本物が通り過ぎていってしまうのです。私は『オズの魔法使い』の音楽を作るよう依頼された、映画黄金期のハリウッドの有名作曲家ハロルド・アーレンの話が大好きです。アーレンは、着々と作曲に取り組み、その仕事をうまくやり遂げたと思っていました。しかし歌がひとつ足りなかったのです。大成功を収めることが必要な、特別な歌が求められていたのでした。何もアイデアが浮かばなかったので、アーレンはその日の仕事は終わりにし、妻をランチに連れていきました。サンセット大通りをくだる途中、突然、運転している妻に車を停めるよう言いました。アーレンは一枚の紙にメモを書き留めました。そしてそれが『虹の彼方に』という歌になったのです。

多くの意味において、魂を受け止める方法をいちばんよくわかっているのはアーティストやクリエイターたちです。なぜなら、彼らはインスピレーションと同調するからです。**インスピレーションは、ランダムに起こるわけではなく、常に問いかけと答えという形でやってきます。**必要が生じ、解決法が現れるという具合です。ですから自分の内なる成長に向けて創造的な態度をとってください。自分が必要としていることに気づき、その反応を見守ってください。かくもすばらしい音楽がどのように浮かんできたのか尋ねられ、ハロルド・アーレンは答えました。

「**流れに身をまかせ、待って、そして従った**のです」

単純ながらも奥深いその信念を心に留めてみてはどうでしょう。

breakthrough #4

委ねることで恩寵を得る

ブレイクスルーが起きると、あなたは究極的な「委ねる」状態へと導かれていく可能性があります。なぜなら**「手放す」ことは過程であり、いずれは終わる**からです。しかしその終着点は、予測するようなものとは非常に異なるでしょう。あなたという人間が、今日、鏡に映っている自分ではなくなってしまうのです。その人物は、尽きることのない欲求とともに人生を過ごしてきました。究極的に委ねる状態においては、すべての欲求を放棄してしまうのです。あなたは生まれて初めて「もう十分」と言うことができるようになるでしょう。そしてすべてがピッタリはまる世界の中に、本来そうあるべき状態に自分がいることに気がつくでしょう。

完全に新しい自分というものを、事前に想像することはできません。たとえば幼い子どもは自分が将来、思春期によって急激な変化がもたらされることをまったく知りません。その経験が目前にない限り、理解しようとしても混乱してしまいます（思春期が始まったときでさえ十分に混乱してしまうものです）。子ども時代を手放すことは、運がよければ自然にできるでしょう。しかし大人としてのアイデンティティを手放すことは、さらに困難です。世界の偉大なスピリチュアルな師たちからの教えは確かにあるものの、具体的に導いてくれる地図は存在していません。聖パウロは、それを成長になぞらえます。

「私が子どもだったときには、子どもとして話し、子どもとして考え、子どもとして論じたが、大人になったときには、子どもらしいことをやめたものだ」（コリント人への第一の手紙13章11節）

子どもから大人になることは、アイデンティティが変化することを意味します。しかしパウロが提示しているのは、さらにもっと強烈な変容についてです。彼はこう言っています。

「愛を追求し、スピリチュアルな贈り物を熱心に求めなさい」（コリント人への第一の手紙14章1節）

そして、もし人間が神の思し召しを傾聴した場合に起こるであろうことのビジョンを提示しているのです。

「愛は忍耐強い。愛は情け深い。愛はねたまず、自慢せず、威張らず、失礼ではない。自分の利益を求めず、いらだたず、恨みを抱かない。不義を喜ばず、真実を喜ぶ。すべてを忍び、すべてを信じ、すべてを望み、すべてに耐える」(コリント人への第一の手紙13章4−7節)

パウロは、自分が超自然的な変化を求めていることをよく自覚していました。人類は皆変化するものであり、変化を可能にするための唯一のパワーが恩寵です。聖書の中で見られる「恩寵」という言葉の近くには、必ず「豊穣」「純粋さ」「無条件の愛」「無償で与えられる才能」といったニュアンスが示されています。ユダヤ教とキリスト教を超えた何か普遍的なものがここには存在しているのです。**完全に手放すことによって、新たなアイデンティティを獲得**することができます。委ねることで得られるものは、すべてを包含する神の愛、つまり恩寵なのです。

恩寵とは、目には見えぬ神のパワーです。人生に恩寵が入り込むと、それまでの人生を生きてくるのに使っていた古いツール――理性、論理、努力、計画、見通し、鍛練といったものが、自転車の補助輪のように捨て去られるのです。しかし実際のその過程は曖昧《あいまい》で、一定の形を持っていません。恩寵は慈悲と許しと結びついていますが、そこから宗教的ニュアンスを取り除けば、現実において恩寵は「無限の意識」であるといえます。

恩寵は、人生における制限を取り払ってくれます。恐れるものは何もなく、罪の意識を感じることもありません。善悪の対立という一連の問題もなくなります。平和はもはや追求すべき夢ではなく、心に生来備わった特性となります。このようなことは超自然的な力が介入した結果ではなく、その過程の最終段階に来たということなのです。旧約聖書に「恩寵」という言葉は百回ほど登場しますが、興味深いことにイエスは一度たりともこの言葉を使っていません。ひとつの説明として、イエスが「無限の自己を見つけるという過程の最終段階に至った後で、あなたは私に会うだろう」と説明しているくだりがあります。イエスはその意味において唯一無二の存在なのです。

恩寵は、魂そのものと同様に、神の無限の力を人間のレベルに落とし込んでくれます。恩寵は、完全なる変容を推し進めるために、ちょっとした魔法以上のものをもたらします。人間の心は、芋虫がどうやって蝶になるのかほとんど理解していないように、人間が恩寵によってどのように変容するかという奇跡についても理解していません。しかし再び生まれ変わるというプロセスは、どんな文化にも記録として残っているのです。そのことを理解できるようになるかどうか見ていきましょう。

自己変容

恩寵に触れる以前の人間の本質は、堕落し、腐敗し、罪深く、不純で、無知で、やましく、盲目です。これらの表現は、ユダヤ教やキリスト教では慣用的に使われています。そうした表現は道徳に根差したものなので役に立ちません。「境界線」という言葉であれば中立的です。それは限界の状態についていただ言及しているに過ぎません。ある人にひどく制限された環境——たとえば地下牢など——で生きることを強制した場合、偏執から妄想に至るまであらゆる種類の問題が生じるでしょう。しかし、囚人に道徳的な欠陥があるから問題が生じるわけではありません。拘束されているという状態の結果、生じるのです。独房の囚人と私たちとの違いは、私たちは**自発的に境界線の内側で生きることを選んでいる**という点です。この選択を行った私たち自身の一部がエゴなのです。

エゴとは、あなたが慣れ親しんでいる自己であり、日々を営み、日常生活に対処している「私」のことです。この自己が満足している限り、その状況を捨ててまで魂を求める理由はないものです。しかし人生とは満足いくものでしょうか？　偉大なスピリチュアル・リーダーたちは皆、人生は満足いくものではないという仮定から探求の道が始まっています。イエスと仏陀は、一般の人々が病気や貧困に苦しむ世界に直面しました。当時は無事に生まれてきて三十歳まで生きるだけでもたいへんな時代でした。そういった時代に、苦しみにさいなまれる日々を送っている人々を説得するのは難しいことではありませんでした。その当時の問題は、病気、貧困、飢えに対して相当のレベルで介入してきた現代社会においても、依然として存続しています。

仏陀とイエスは、苦しみをもたらす原因の物質的な側面については関心がありませんでした。代わりに、原因の原点である、日常生活を営む「私」というものまで遡って考えたのです。彼らによると「私」というのは偽りのアイデンティティで、魂の次元でのみ見出される本当の自己を覆い隠しています。しかし、この診断も応急措置のような何らかの解決法には至りませんでした。自己というものは、分解してさらによいモデルに作り替えられる車のようなものではありません。「私」には計画があるのです。「私」は日常生活をどう営むべきかわかっていると考えていて、また分解の危機にさらされても反撃します——結局**エゴにとっては生き残ること自体が目的**なのです。こうした理由から、エゴは、変化にとっての大きな敵となりました(西洋より東洋においてはなおさらです。西洋では道徳的な理由から、罪と悪魔がその役割を引き受けていました)。それでもエゴという概念がかなり普及したので、真の自己にとってのとらえがたい敵であるということは明らかとなりました。ひとりの人間のアイデンティティは、マントのように簡単に脱ぐことができません。アイデンティティを変容させることは、むしろ自分自身に対して手術を行うようなものです。あなたは医師と患者両方の役割を演じなくてはなりません。これは、物質世界では不可能なことですが、意識においてはまったく可能なことなのです。

意識は、自分自身を見つめているとき、欠陥を探し出して自ら修正することができます。自分自身を修正することが可能である理由は、関わっているのが意識だけだからです。自己の外へと出る必要はなく、痛みを抑えるために麻酔を打って眠る必要もなく、メスを入れるなど体に対して暴力をふるう必要もありません。

しかし**手術が始まる前に、あなたは病気かけがをする**必要があります。エゴは日常生活を営んでいると主張しているにもかかわらず、明白な欠陥があります。エゴが抱いている人生についてのビジョンは実行不可能であるということです。人生を完全に満足のいくものにするためにエゴが約束することは、幻想であり、一生追い続けても、決して手に入れることのできない鬼火のようなものなのです。この欠陥にあなたが気づくと き、その結果はエゴにとって致命的なものになります。エゴのビジョンは、魂が持っている充足のビジョンに対して勝ち目はありません。私たちは皆、魂は日常生活からかけ離れていて、手に入れることができないものであるけれど、人生に対処する際に実際的かつ現実的なのはエゴであると信じるよう条件付けられてきました。しかし、それこそ真実に対する真逆の理解です。この点について詳しく解説してみましょう。

充足に関する二つのビジョン

エゴのビジョン

- 私は自分が心地よくいるために必要なものはすべて持っている
- 私のまわりにないことは起こりえないので安らかでいられる
- 一生懸命働けば、何でも達成できる
- 私は達成したことによって自分を評価する
- 私は負けることよりも、勝つことのほうがずっと多い
- 私は強いセルフイメージを持っている
- 私は魅力的なので異性からの注目を集める
- 完璧な恋愛相手に出会ったら、その愛は私の思い通りになる

魂のビジョン

- 私に必要なものは私自身のみだ
- 私は自分の中に恐れるものがないので安らかでいられる
- 生命の豊かさの流れが私にすべてをもたらしてくれる
- 私は決して外的な基準で自分を評価したりしない
- 勝つことよりも与えることのほうがずっと重要だ
- 私はセルフイメージを持たない。私はセルフイメージを超越している
- 魂同士が共鳴するので人々が私に惹きつけられる
- 私はまず自分の中に完璧な愛を見つけたので、完璧な恋愛相手に出会える

二つめの魂のビジョンこそ、恩寵を受ける人生のステージを表していると言ってもよいだろうと思います。そのビジョンは、**エゴに支配された人生ではなく変容した人生**を表しています。しかしこれら二つの選択肢を見てみると、エゴのビジョンのほうが合理

的だと思う人がほとんどでしょう。ひとつの理由として、慣れの問題があげられます。惰性に加えて、馴染んでいるからという理由で、毎日同じことを繰り返している人がいかに多いことでしょう。けれどそれは別として、エゴの道を進んだほうが充足を得やすいように見えるのは、エゴの道のほうが人生の状況を一歩一歩着実に向上させることに基づいているからなのです。つまりこういうことです。もしあなたが今日、そこそこの仕事をしているとしたら、明日にはその仕事はもっと重要性の高いものになるでしょう。一軒目の小さなマイホームは、いつかもっと大きな家になるでしょう。もしあなたが問題や障害に出会っても、克服することができるでしょう。勤勉に働くこと、まじめさ、忠実であること、そして進歩を信じる気持ちが混ざり合って、人生をよりよいものにするわけです。

これが、エゴによる個人的成長のパターンなのです。あなたの人生がどれだけ制限されたものであろうと、時を経て着実によりよいものになっていくというパターンです。しかしこの**エゴのビジョンは外的なものに焦点を当てすぎており、内面で実際に起きているいることを無視**しています。充足と外的進歩との間に相関性はありません。たとえばナイジェリアのような貧しい国が、幸福度を測定したランキングにおいてアメリカ合衆国をうわまわっています（人々にどのぐらい幸せであるかを尋ねた世論調査によって測定されました）。お金に関して言えば、人は貧困レベルを超えて上昇するほどより幸せになります。しかし、人生の基本的欲求が保障されると、お金を持てば持つほど、幸福になる機会は実際減っていくのです。宝くじに当たった人を調査すると、一、二年以内に物質的に以前より困窮しているだけでなく、多くの人がそもそも宝くじなど当たらなければよかったと発言するようです（言うまでもなく、このようなことは宝くじの運営側から公表されたりしませんが）。

私たちは、**自分が何者かという尺度として外的なものを手に入れるために多大な犠牲を払います**。景気の下降は、広範囲にわたって恐怖とパニックを生み出します。人間関係においては、相手が自分に対して十分に感情や個人的な関心を向けてくれなくなると、愛が薄れていきます。そうした外的な支援がなくなると、エゴはたじろぐのです。争いが起きると、人は黙って苦しむか、もしくは相手を変えようとして無駄な闘いをします。エゴは、よりよい配偶者、より大きい家、より多くのお金があれば、求めていた充足感を得られるのだと主張します。誰もが、充足できないのは自分が悪いから、もしくはまわりの環境が悪いからだと考えます。しかしそもそも間違った道を選んだだけかもしれないのです。

充足感に関するエゴのビジョンは、達成不可能なものです。なぜならそれぞれ孤立した「私」が、人生の源から切り離され、単独で存在しているからです。内側に安心感がないので、約束された着実な進歩は外的なものだけです。ではどうしたら内側に安全であるという感覚を持つことができるのでしょうか。エゴが精神の混乱と不満に対処することができる唯一の方法は、それらのまわりに壁を作って覆い隠すことです。「私」は、**恐怖と怒り、後悔と嫉妬、不安と無力感が押し込められた秘密の小部屋**によって埋め尽くされてしまっているのです。こうして、問題のまわりにより厚い壁を築くに過ぎない薬で治療されている状況である私たちの社会では、不安や憂鬱は記録的に高まりました。そして、薬の鎮静作用がなくなった瞬間、憂鬱と不安は戻ってきます。

充足感に関する魂のビジョンははるかにもっと複雑に見えますが、あなたがいったん魂の次元に到達してしまえば、そのビジョンは自動的に展開していきます。充足とは、自分をよりよくしていくことではありません。**真の充足とは、外的なものから内的な世界へと移行して、エゴの計画から離れていくこと**なのです。魂は、外側の状況のよし悪しにふりまわされない類の幸福を約束してくれます。魂の道は、充足を「生まれながの権利」であり真のあなたという人間の一部として、それを経験する場へと導いてくれます。そのために努力する必要はありません。そのように在ることだけが必要なのです。恩寵は、真の自分は何者なのかという明白なビジョンからやってくるのです。

信じるということ

さて、多くの人々が居心地悪く感じやすい地点にやってきました。「流動的で変化する自己」は、エゴが約束してくれる「固定的で安定した自己」からの劇的な変化を表しています。立っている地面が突然ぐらつくのを感じるのは不安なものです。しかし手放すという過程が私たちをこの地点へと導くのです。**忠誠を誓っている対象を大きく変えることが求められます。**委ねると恩寵がやってきますが、一度に来るわけではありません。恩寵とは、エゴという古い支柱に頼らないひとつの生き方です。イエスは、それについて簡潔に述べています。

「あなたがたは、地上に富を積んではいけない。そのような富には虫食いや錆《さ》びが付いたり、盗人が忍び込んで盗み出したりする。富は天に積みなさい。そこでは虫が食うことも、錆びつくこともなく、また盗人が忍び込むことも盗み出すこともない」（マタイによる福音書6章19－20節）

貯蓄、計画、見通し、安定を中心にした、物質依存的な私たちの古い生き方は、宇宙の摂理あるいは神意を信じ、計画したり先のことを考えたりせず、非物質的な宝を大切にすることに基づいた新しい生き方に道を譲らなければなりません。イエスはこれと同じテーマを「山上の垂訓」（マタイによる福音書5－7章）を通じて繰り返しています。私は、聖パウロは恩寵がもたらされる際の過程を示していないと前述しました。同じことが、ゴスペルの中に描かれるイエスについても言えます。深い変容は必要ですが、一人の人間をこちらからあちら側へと移すためのステップについては説明されていないのです。その代わりに、イエスとパウロが最も強調していることとは、**信じること**なのです。

信じるということは、そのような**劇的な変化が起こりうる、そして起こるだろうという内なる確信**です。しかしその確信は盲目的である必要はありません。またあなたの外側の何かに根差したものである必要もありません。手放すという過程におけるあなた自身の体験を通して、信じるための理由が「今ここ」にあるということに気づくのです。

自分の経験を信じること

手放していると、魂と波長が合っている経験がもたらされます。その結果、魂はあなたの人生においてより大きな役割を果たし始めます。徐々に、しかし着実に、次のような経験のうちいくつかがあなたの身に起こり始めるでしょう。

- インスピレーションを感じる
- スピリチュアルな教えの真実がわかる
- ハイヤーセルフの存在を感じる
- より深遠な現実が現れてくる
- 自分の内的生活・心の状態が充足をもたらしてくれる

- 新しい見方でものごとを理解するようになる
- 毎日を新鮮なエネルギーで迎える
- 人生がもっと全体的なものに感じられる

私は時々、これらを一枚の紙に書き写したものを常に持ち歩くよう皆さんに言っています。そのリストを取り出して、そこに書いてある項目のひとつでもよいのでつながることができれば、魂と波長を合わせていることになるのです。もしいずれの項目ともつながることができないなら、それはまさに波長を合わせ始めるべきときが来たということです。人生の流れは自ら更新されていくものです。更新されれば、新たな挑戦をするための新鮮なエネルギーが日々もたらされます。しかし魂とのつながりが確立していないと、そのエネルギーは必要なときに生じてくれないのです。

「信念」はどこからやってくるのでしょう。魂とつながっているとき、**人生は無限に感じられ、意識は屈託のない喜びと自信で溢れます**。しかし波長が合っていないと、こうした特性は失われます。そんなときは「際限のない状態とは現実的なものだ」と直に伝えてくれる自分自身の経験を信じてください。それは、あなたがいつでも戻ることができきる意識状態なのです。エゴに基づいた自己とは小さな居心地のよい小屋のようなものであり、一方、**魂が与えてくれる自己は無限の地平線が広がる広大な風景**のようなものです。私たちは皆、ときに自分の小屋に身を潜めます。ストレスのせいでその小屋に入るときもあれば、純粋に習慣として入るときもあります。人間の精神は非常に予測不可能なものなので、これといった理由もなく、不安になってしまうものなのです。

幸いなことに、何が理由だろうと問題ではありません。いったん自由を経験すると、再びそこに引き寄せられるでしょう。拡大することがさらに心地よく感じるでしょうし、時間が経過するにつれて小屋へ戻ってひきこもりたいという誘惑も弱まるでしょう。自分にプレッシャーをかける必要はないのです。自由は自ら語りかけてきます。それを経験したいという衝動はあなたの中に埋め込まれており、決して消えることはありません。**自由を経験したいという衝動こそ最初に信じるべきもので、最も重要**なことなのです。

自分の知識を信じること

合理的であることに誇りを感じる人は、精神世界を拒絶することがよくあります。それは確固たる事実に裏付けされているわけではないからです。しかし、彼らの論拠には盲点があります。なぜなら、**事実というもののすべてが計測されうるものではない**からです。北極点は北緯九〇度に位置するというのは事実かもしれませんが、私たち一人ひとりが思考し、感じ、望み、夢を見るということもまた事実であり、目に見えない現実が拠りどころとしているのはそうした事実なのです。北極点はそれを計測しようとする心がなければ、場所さえ持ちません。

あなたがその道を歩んでいくにつれて、頼りになる知識を得ていきます。本書でもいくつかの重要な知識をお伝えしていますが、それを検証するのはあなたです。私が心の中に抱いている事実とは、次のようなものです。いくつかの内容は本書の前編に当たる『あなたの年齢は「意識」で決まる』で紹介しています。

- 意識は体を変えることができる
- 微細な行動は、さらに多くの愛と慈悲をあなたにもたらす
- ゆがんだエネルギー・パターンを癒すことは可能だ
- 人生の流れは、無限のエネルギー・創造性・知性を与えてくれる
- どんな問題にも隠された解決策が含まれている
- 意識は収縮するか拡大するかのどちらかだ
- あなたのエゴが知らない別の生き方が存在している

この時点で、これらの陳述は神秘的に聞こえるべきではありません。たとえひとつでもためらいを感じる項目があったとしたら、意識の世界には「真の知識」が確実に存在するのだということを信じてください。生まれながらに備わっている意識が、時の経過とともに拡大します。あなたは新しいスキルと神経経路を脳に加えてきました。神経学者たちは、瞑想のような精神性を高める訓練は、物理的な観点において現実的なものであると確信するに至っています。慈悲深さといった精神性における達成についても同じ

ことが言えます。

よって魂を目覚めさせる過程においては、それ以上のことを信じるよう求められてはいません。それは科学に確固たる基盤をおいている数々の発見の、自然な延長線上にあるものなのです。また、これをあなたにとっての決定的な証拠とすべきだということではありません。私は以前、フランス人哲学者ジャン＝ジャック・ルソーの言葉にインスピレーションを受けました。ルソーは、誰もが「魂の仮説」を試すために生まれてきたのだと述べています。言い換えれば、私たちとは、魂があるかどうかを証明するために自らの内側で行われている大いなる実験なのです。その実験とは、いつの時代においても自らを再確認するものです。かつては神や聖書への信仰が基盤になっていました。今では**成長し進化することができる「意識」を信じる**ということに基づいています。表現は変わっていますが、目指すところに変わりはありません。

自分自身を信じること

私たちはまわりから、自分を信じれば大きな成功へと導かれるということを常に叩き込まれます。しかしその**自己とは、実のところエゴを意味**しており、「勝ちたい」「所有したい」「消費したい」「快楽を見出したい」という抑えがたい渇望を抱えています。それらは、最も信じるべきではないことです。すべてを「**あなたがまだ出会ったことのない自己を信じること**」として再構成すべきなのです。エゴに基づく自己を信じる必要などありません。エゴ的な自己の欲求は尽きることがありません。しかしあなたがまだ出会ったことのない自己は、信じることを求めています。なぜならそれこそが変容の終着点だからです。この変容を完成させない限り、あなたは蝶になることを夢見る芋虫のままなのです。

しかしまだ出会ったことのない自己を、どうすれば信じることができるのでしょう。それは人によって答えが異なりますし、非常に個人的な質問です。よって質問の仕方を変えてみましょう。あなたが深い次元において永久に変化したと納得させるものは何ですか？　ほとんどの人にとって有効だと思われる答えは、次のようなものです。

- 私はもう苦痛の中にはいない
- 私はもう葛藤を感じない
- 私は弱さを克服して強くなった
- 罪悪感と恥は消え去った
- 私の気分はもう不安ではない
- 憂鬱さが消え去った
- 私は自分が信じるビジョンを見つけた
- 私は混乱の代わりに明白さを経験する

これらの変化は皆「自己」に根差しています。なぜなら最も深い変容を必要とする状態――憂鬱、不安、闘争、混乱――は、「私」の一部分のように感じられるからです。これらの状態は、風邪をひくようなものではありません。たとえば一時的な気晴らしによって抑えられるかもしれませんが、苦痛はまた戻ってきます。フロイトは不安について、「去ることを拒む、望まれぬ客人」と表現しました。招かれざる客を追い出すためにとるステップはすべて、自分自身を信じることです。あなたは手放すことに成功しつつあり、その上新しい「私」が、徐々に姿を現しつつあります。というのも「変容した自己」とは、電車の到着を待つ乗客のようなものではないということが、あなたはわかったからです。あなたの新しい自己は一度にひとつずつの側面として姿を現してきます。

精神性を説いている伝統においては、魂はあらゆる価値を持っていると考えられています。魂は、美しく、誠実で、強くて、愛情深く、賢くて、思いやりがあり、神々しいという特性があります。そういった魂の特性を奪い去ることはできませんし、暫定的な場合を除いて、買われたり、エゴによって所有されたりするものでもありません。最も愛情深い人でも、愛が憎しみに代わることがあります。最も強い人でも、完全に打ち負かされることがあります。しかし真の自己が姿を現すと、こうしたあらゆる特性が無条件に現れるのです。そのような特性がすでにあなたに現れていることに気づいていないかもしれません――恩寵は、冷たい水や白い光のシャワーのようなものではないからです。むしろそんなとき、あなたは単に、あるがままの自分自身になっているでしょう。そして愛が求められると、あなたの中に愛が現れ、愛を表現する準備ができるのです。強さが求められると、強さが現れるでしょう。何も求められる場面がなければ、何も特別なことは感じられないでしょう。すべての人にとってそうであるように、人生は続いていきます。しかし内側の世界では、ある意味表現するのは難しいですが、あなたは完全に安全です。**人生の困難に向き合うために必要なすべてを持っている**ことを、あなたは知っているのです。

現代のスーフィー（主にイスラムの唯一神アッラーとの我執を滅却しての合一を目指し、清貧行を主としてさまざまな修行に励む人々）の師であるA・H・アルマスは、このことを「Hanging Loose（くつろぎ）」という題名のエッセイに美しく表現しています。

あなたのマインドが自由で、不安も心配もなく、特に何かに集中していることもなく、そして**あなたの心が何かに執着していないとき、あなたは自由**です。……そこに何があろうと、あるがままです。そういうとき、マインドは「私はこれがほしい」とか「私はこれを見たい」とか「こうあるべきだ」などと言っていません。マインドは解放されています。**「くつろぐ」という表現は、私たちに、自由で解放されているのがどんなことかを教えてくれる**のです。

「手放す」というプロセスによって、ものごとを掌握したいという衝動やそれについて心配することもなくなり、完全にくつろげる地点にまで到達することができます。エゴの計画がなくなるのです。時間はかかりますが、最終的にはそこに到達します。そこに至るずっと前に、あなたの心は、静かで、心地よくて、くつろいだ状態とはどのようなものかを学びます。あなたはこの状態を楽しみながら順調に進んでいきます。その過程で、かつてはごちゃごちゃした思考や感情によって占められていたスペースを埋めるために、恩寵が真のあなたを連れてきてくれるのです。思いがけず、愛が求められている状況に遭遇し、そしてあなたはその愛を持っているというわけです。愛はあなたの一部なのです（あなたは心の奥底で疑っていましたが）。愛と同様に説明しがたい方法で、勇気はあなたの一部となり、真実もあなたの一部になっているでしょう。「恩寵は無償で与えられ、満たされるものである」と教えてくれた偉大なスピリチュアルの師たちの言葉が実現するのです。そしてあなたは、**自分自身を信じることは完全に理にかなったもので**

あると明確に知るのです。よって、今あなたが旅路のどの地点にいようとも、自分を信じることは今この瞬間に正当化されるべきなのです。

あなたの人生において

——恩寵に歩み寄る

恩寵は個人的な変容をもたらしてくれますが、それは非常に静かに起こるために、最も恩寵に恵まれた人々でさえ、その変容に気づかないかもしれません。もし気づいたとしても、すぐに忘れてしまうかもしれません。どんな恩寵も作動させることは有益です。そうして恩寵はあなたの一部となってこの世界に顕現していきます。人目に触れない場所で賞賛されるための私有物としてではなく、あなたの行動を通して恩寵を表すのです。

恩寵を表すには、その特性を具現化する必要があります。新約聖書の中に書かれている「恩寵」に関する言葉が指針となるでしょう。

- 慈悲深い
- 無償で与える
- 誰にでも与えられる
- 寛大である
- 寛容である

私は、これらを道徳的価値や義務としてとらえているわけではありません。むしろ、これらはリトマス試験紙のようなものなのです。こうした行動をどれだけ無理なく行えるかによって、どれぐらいの恩寵があなたの人生に流れ込んでいるか測ることができます。エゴから与えることと、魂から与えることとの間には大きな違いがあり、また慈悲を示すことと許すことの間にも大きな違いがあります。**その違いは内側で感じることができ、間違えようのないもの**なのです。

慈悲深い

ほとんどの人が慈悲を示すものです。なぜなら、そうすることによってトラブルは減少しますし、あるいは自分が寛大であると感じることができるからです。どんな出来事からも、エゴは何らかを得ます。このことを考えるとき、裁判所で有罪判決を受けた男のイメージが心に浮かびます。男はがっくりとうなだれています。その瞬間、裁判官は全権力を有しており、厳しい人間か情け深い人間かにかかわらず、その権力は正当なものです。しかし恩寵から生じる慈悲は無私のものです。あなたは犯罪者に同情し、犯罪者の脆弱《ぜいじゃく》性や絶望を理解します。何年にもわたる罰を与えるよりも、慈悲ある行動によって変わる人のほうが多いということがわかるのです。要するに、あなたは**相手の中に自分と共通する人間性を見る**のです。そしてそのためには魂の目が必要となります。

慈悲心は、裁判所の例に従わねばならないというわけではありません。他人の落ち度を指摘しないとき、非難に値するにもかかわらず責めることをしないとき、陰で噂話《うわさばなし》をしたり悪口を言ったりすることを避けるとき、あなたは慈悲を示していると言えます。人の中に最善の動機を見ること、大目に見ること、ポジティブな変化を探すことは慈悲深い行為です。こうしたすべての場合において、あなたが取っているのは中立的な見方なのです。ハムレットはこう言っています。

「誰もが報いを受けるということなら、いったい誰が鞭打《むちう》ちの刑を免れられるのか」

すべての人を功罪に応じて扱うのではなく、慈悲に従って行動することが、恩寵によってもたらされる贈り物なのです。

無償で与える

エゴは、すべてのものに値段があり同等のものと交換することがルールとなっている物々交換の世界に住んでいます。このルールは恩寵には適用されません。恩寵は無償で与えられ、見返りに何をもらえるかという考えもありません。新約聖書の議論の土台が人間の原罪におかれているのは残念なことです。聖パウロの考えとは「私たちは皆非常に堕落しているため神の怒りと罰を受けるに値するが、神は愛情深い父親のように道をはずれた子たちを許してくれる」というものです。**この種の道徳的信念は多くの人々の心に訴え、自分の欠点や過ちの重圧を感じます。**神は彼らのすべての罪を大目に見て、恩寵のパワーを通じて帳消しにすることによって、より愛される存在になるというわけです。

しかしながら、そこに道徳性が入り込む必要はありません。川が水を与えてくれるように、無償で与えることが魂の本質です。水路を開けば、水が流れるのです。エゴは、どれだけ与えてどれだけ奪うべきかを計算し、誰が何に値するかという問題にがんじがらめになります。恩寵は贈りものを無償で与えてくれます。このことは、宇宙はあなたにすべてを与えてくれるので、エゴが自分は十分に所有していると思うかどうかは重要ではないということを思い出させてくれます。あなたの体は、生まれた瞬間から「エネルギー」「知性」「栄養」によって、無償で維持されてきています。人間が困窮する場合の根本的な原因は、究極的には自分自身もしくは自分のおかれている環境にあります。人類が登場する前から数十億年にわたって展開していた生命の始まりの中に原因があるわけではありません。呼吸が吸ったり吐いたり自由に行われているように、**執着せずに与えることによってあなたは恩寵から行動することができる**のです。

誰にでも与えられる

恩寵はすばらしく平等に与えられます。恩寵は区別をしません、委ねた人なら誰にでも与えられます（キリスト教の比喩《ひゆ》は「雨は善き者の上にも悪しき者の上にも降る」という表現になっています）。一方で**エゴは、特別であるということに決定的な重要性をおきます**。私たちは、世界中で他の誰よりも自分を愛してくれる人を求めるものです。地位・承認・

独自性を渇望します。しかし魂の観点から見れば、独自性とは万人に共通する特徴なのです。あなたが何をしていようと、唯一無二の創造物です。そのことを誰にも証明する必要はないのです。

あなたが誰かに自分と平等であると感じさせるとき、この恩寵の特性を示しています。これはあなたが自分を現実より下に見せようと上に見せようとあてはまることです。高い身分に生まれた者に伴う義務ということでも、多くを持っているものが貧しいものに施しを与えるということでもありません。魂の目にとって平等とは単なる事実に過ぎず、あなたもそれを認めている状態です。エゴが支配しているときは、どんな状況においても自分の立ち位置が高いか低いかということで評価します。私たちは、自分のセルフイメージを映し出す人々に引き寄せられます。私たちはひそかに他人にその身のほどを思い知らせます。恩寵の影響下では、こうした行動は変化します。なぜなら、あなたは真の意味で他人よりも高いとか低いという感覚を持たなくなるからです。この気づきによって、大いなる安堵《あんど》感がもたらされます。**あまりに多くのエネルギーが「威厳」「地位」「プライド」「達成感」を守るために無駄に使われています。**自分自身を破滅から守ることが無意味になるとき、あなたは解放への大いなる進歩を遂げたことになるのです。

寛大である

寛大になると、あなたのスピリットが溢れ出てきます。あなたは、**人生のあらゆる次元において寛大になることが可能**です――あなたの喜びの恩恵を誰かに与えることは、お金を与えたり、時間を割いたり、話を聴いてあげることと同じぐらいよいことです。あなたが寛大であるときはいつも、欠乏感を吹き飛ばしているような状態です。エゴというものは常に何かが欠けていると信じているため、ひそかに破滅することを恐れています。その破滅とは、資源が不十分だとか、神が不公平だとか、運が悪かったとか、個人的な欠点の結果かもしれません。こうした欠乏のうちのひとつ、もしくはすべての欠乏について、いつとは言わないまでも心配していない人など滅多にいないのです。恩寵は、あなたの中にも、あなたのまわりの世界にも、欠けているものなど何もないという生きた証拠をもたらしてくれるのです。

この寛大さに関するとらえかたほど、エゴと魂の間の大きなギャップは存在しないと思われます。もし世界に欠けているものなどないと宣言したら、あなたに対する反論は数限りなく生じるでしょう。そしてあなたは、無神経だとか、盲目的だとか、非道徳的だとか、もしくはさらに悪いことを言われる可能性が十分にあります。「世界に蔓延している貧困や飢餓を見て見ないふりをしてきたのではないか」と批判されるかもしれませんし、イエスの教えの中のスズメの落下のエピソードは、次の食事がどこから得られるかもわからぬ者にとっては説得力に欠けるように思えるでしょう。しかしその教えは「意識」に基づいたものであり、この一年をごちそうとともに過ごすのか飢餓状態で過ごすのかといったことに基づいてはいません。いったん恩寵が降りてくれば、それは寛大なものです。そして恩寵が降りてくる前は、物質的な力に支配されてしまっているのです。

エゴが持っている寛大さとは、裕福さを誇示するものです。エゴの寛大さは、与える者の豊かさと、受け取る者の欠乏という点に注意を集めます。魂の寛大さは、与える者の豊かさと受け取る者の欠乏自体には注意を払いません。その衝動は、**実をたわわにつけて枝が重みで地面につきそうになっている木のように、自然で私欲のないもの**です。もしあなたが溢れ出るスピリットによって寛大になることができたら、恩寵から行動していることになるでしょう。

――寛容である

これは最も効果的なテストです。**無条件に許すことは、恩寵の印**です。あなたのエゴは、魂のこの特性を真似ることができません。恩寵がなければ、許しはいつも条件付きのものとなります。私たちはまず怒りがおさまるまで待ち、正当なものと不当なものをてんびんにかけます。私たちは不満を抱き、仕返しすることを想像します（もしくは許す前に仕返ししてしまいます）。このような条件付けを行っているのです。そうした条件を取り払って許すことができるとき、あなたは恩寵から行動しているのです。

スピリチュアルな師の中には、エゴというのはそもそも許すことなど決してできないものだと言う人もいるでしょう。キリスト教では、許しは神性とされています。堕落した人間性は、それ自体が許しを渇望しているものですが、救済がなければ罪をなくすことはできません。仏教では、分離した自己という幻想が克服されない限り、痛みと苦しみは人間の性質に組み込まれているものだと信じられています。こうした伝統は悲観主義的であるとか、悪行は永遠の呪《のろ》いだということではありません。むしろイエスと仏陀は、善悪の複雑な網の目に絡まる「精神」というものを現実的にとらえていたのです。私たちは、痛み——つまり私たち自身の痛み——は悪であると感じざるをえません。そして、それを踏まえると、すべての傷は不平等である証拠となってしまいます。痛みは私たちを犠牲者だと感じさせ、苦痛をもたらす人生の傾向は、あらゆるものごとや人々を責めてしまうことになるのです。もしあなたが、他者の中に認める非をすべて許さなくてはならなかったら、そのプロセスで一生が消耗されてしまうでしょう。

許すことは、あなたがその罠から抜け出す方法を見つけたということを表します。**許さないことに執着するのをやめれば、許すことは容易になります。**責任のなすりつけ合いはもう終わりです。自分が犠牲者であるという認識も捨てましょう。恩寵がもたらされていると、許しはどんな傷も癒すことができるという印です。もしあなたが自分はすでに癒されていると認識していれば、そもそも許すものなど何もないのです。

宇宙はあなたを通して進化する

breakthrough＃5

最後に、あなたが実に**どれほどかけがえのない存在であるか**ということを明らかにするためのブレイクスルーが必要になります。宇宙の壮大なる計画の中で、自分が絶対的に必要な存在であるなど信じられないものです。しかし、もしあなたが進化の成長点だとしたら、宇宙は独特な方法であなたを必要としているのです。あなたは事前に想像することが不可能な計画の中に組み込まれています。その計画には、厳正なガイドラインも、確固たる境界も、予測できる結果もありません。その計画は成り行きに応じて作られていき、そして各人の参加に依拠しているのです。

私はかつて、著名なインド人グルが宇宙の計画（彼の呼び方によれば神の計画）について話すのを聞いたことがあります。グルはその計画について、聴衆を啓発するような表現で計りしれぬ豊かさがもたらされる苦しみのない未来を描きました。大勢の聴衆が来ており、ほとんどが欧米人でした。私はその部屋で聴衆たちが感情的に引き裂かれているような感覚を覚えました――人々は、グルの話を信じたがっていたけれど、なかなか思い切って信じることができない様子だったのです。最後に、一人の勇敢な魂が立ち上がって尋ねました。

「神の計画は今も実現していっているのでしょうか？　世界はあまりに混沌としていて

暴力的です。神を信じる人もますます少なくなっています」

グルは、ためらうことなく言いました。

「神への信仰心は問題ではありません。その計画は永遠のもので、常に実現され続けることでしょう。それを止めることはできません」

手をひとふりして、彼は付け加えました。

「ここにいるすべての人がその計画に参加すべきです。**それより高次な人生の目的などありません。**そしてもし今あなた方が参加すれば、皆さんは最初の報酬を受け取ることでしょう」

質問者は眉《まゆ》をしかめました。

「もし参加しなかったらどうなるのでしょう？」

彼は尋ねました。

「そのとき、何が起こるのでしょう？」

グルの表情は険しくなりました。

「神の計画を実現するために、あなたが必要なわけではありません」

グルはマイクに近寄って、

「もしあなたがその計画に背を向けるなら、神の計画があなたを通して実現されることはないでしょう」

と言いました。

究極的には、それが正しい答えなのだと思います。もし「神」という言葉を排して、常に進化している「宇宙」という観点から話すなら、あなたは進化の流れに乗ることもできますし、そうしないことも可能です。選ぶのはあなたです。どちらにしても、宇宙はどんどん進化していくでしょう。しかし、もしあなたが意図的に**その計画からはずれるのであれば、宇宙の進化はあなたを通して進行していかない**のです。

どうして自分という存在が重要なのか？

かつては、神が用意してくれたものを知ることによって、人生はより楽なものになりました。もし自分が神の計画のどこに組み込まれているかを知っていれば、人生の物理的な困難は二次的なものになるのです。もしその計画に同調しない場合、あなたの運命は苦しくて固定的なものになるでしょう。私は人間の運命が切り離されている文化を知りません。死後の世界を否定する解釈を持っている（すべての解釈がそうというわけではありませんが）ユダヤ教においてさえも、**神はかけがえのない今生をできる限り熱心に生きるべき**だと命じています。神のもとで生きるということは、あなたという小さな存在がより高次の目的を持つだけでなく、神の創造物の一部として至高の存在になるということなのです。

神のために生きるというのは非常にパワフルなことではありますが、宗教は内在している深刻な矛盾によって常に手こずらされてきました。その矛盾とは、誰もが神にとってはかけがえのない存在であると考えられているにもかかわらず、本当の意味では誰も必要とされていません。毎年何万人もの命が戦争によって失われています。さらに膨大な数の多くの命が病気や飢餓によって失われるか、幼児期の死亡によりほとんど人生が始まらないうちに失われてしまっているのです。こうした矛盾について語る人はほとんどいませんが、この矛盾は隠れた影響力を持っています。医者は治療不可能な容態の患者に決定的な宣告をしなくてはなりません。最初はショックを受けるものですが、瀕死の患者の多くが無私の状態になっていくのを見るのは心動かされることです。彼らが死にたくない理由は、家族に必要とされているからなのです。**「なぜ私はここにいるのか?」という壮大な疑問は、他者に帰着しているのです**。このことはまた、老人の主な恐怖とは死ぬことでも動けないほどの慢性的な痛みでもないということの説明にもなっています。老人が最も恐れているのはむしろ、自分の子どもたちの重荷になるのではないか、ということなのです。

私たちは皆お互いに必要としていることに気づけるのは人間だけです。しかしこれが行きすぎると、他者を必要とし、他者から必要とされるためだけに存在するというような、最悪の意味での共依存システムになってしまいます。私がまだ見習い医師であった若い頃、末期の肝臓がんや膵臓《すいぞう》がんを宣告されるのを聞いた途端に「私が死んだらこの世はなんという損失を被るだろう」とつぶやく患者が一人でもいいからいてほしいと望んでいたことを思い出します。それは自分の死が家族や友人にとっての損失だけではなく、絶対的に、世界を貧しいものにしてしまうほどの損失という意味です。私たちは高名な人々の死をそのようにとらえがちです。しかし魂の観点からすると、あなたがこの世に生まれたことはマハトマ・ガンジーやマザー・テレサと同じぐらい世界にとって偉大な存在が追加されたということであり、宇宙の構成要素からあなたを差し引くことはまさに大きな損失となるのです。最も上質な絹は、糸が一本引っ張られてしまうと原型は保たれるものの、ほつれが現れてしまうように。

多くの人が、自分は宇宙で絶対的な価値を持っているという概念に抵抗を感じることでしょう。彼らは無意識のうちに学習性無力感として知られている行動を起こしているのです。ひとつの有名な例として1950年代に行われた犬の実験があります。二匹の犬が別々の檻《おり》に入れられ、それぞれがランダムな間隔で軽いショックを与えられました。一匹には、ショックを止めるためのスイッチが与えられ、犬はすぐにスイッチを入れることを覚えました。そのショックは軽いものだったので、この犬はどんな悪影響も受けませんでした。もう一匹は、同時にショックを受けるものの、それを止めるためのスイッチは与えられませんでした。その経験は非常に異なったもので、その犬にとっての痛みはコントロールのきかないランダムな出来事となったのです。

しかし最も示唆に富んでいたのは実験の後半部分でした。今度はそれぞれの犬が、床の半分はランダムなショックを伝え、もう半分は安全な檻に入れられました。ショックを受けたときにとるべき行動とは、安全地帯に行くために小さな仕切りを飛び越えることでした。ショックをどう免れるか学んでいた一匹目の犬には、もうスイッチは与えられていませんでしたが、スイッチを使わずに安全な場所へとジャンプすることをすぐに覚えました。しかしもう一匹の犬はすぐに諦めてしまったのです。横たわり、ジャンプして免れようという努力もせず、ショックが来るにまかせました。これは学習性無力感からくるものです。これが人間の人生にあてはめられたとき、それが示唆することは衝撃的です。人生の痛みや苦しみはランダムにやってくるものだということを受け入れている人は無数にいます。彼らは、あらゆる存在がもたらすショックをコントロールしたことがないため、**ショックが来ても、逃げようとしない**のです。

ものごとがどう作用しているのか、その仕組みを知ることは大切です。さもなければ、学習性無力感が私たちに忍び寄ってきます。一匹目の犬は、生きることには意味があることを学びました。スイッチを入れれば痛みはなくなるのです。二匹目の犬は、生きることには意味がないと学びました。何をしても、どのみち痛みが襲ってくるわけで、誰もそれをコントロールすることはできない、もしくはコントロールしようとしても無意味だというわけです。実際に犬の脳はこんな風には考えないかもしれませんが、私たちの脳はこのように考えます。私たち人間は**目的意識がないと無力感に陥りがち**です。というのも、慢性的な苦痛に何も対処しないでいるということは、神が存在していないと感じているか、自分に何が起ころうと神は気にしていないと考えているかのどちらかだからです。学習性無力感から逃れるためには、もっと大局的な計画において自分は重要な存在であるという実感を持たなくてはならないのです。

ゲームのルール

宇宙が展開していくための計画は、たとえ実際に見ることはできなくても、私たちの目の前にあります。私たちにそれが見えない理由は、その計画とは私たち自身のことだからです。もしくは、その計画を個人的なものにするには、**あなた自身が宇宙の計画（またはもしそう呼びたければ、神の計画）そのものになる**ことです。心の外側にルールはありませんし、体の外側には行動もありません。あなたが行動しようと選ぶことすべてに、宇宙の計画は対応してくれます。あなたが新たな願望を抱くと、宇宙はそれに応じて変化します。宇宙はそれ自身で選択しません。なぜなら「今ここ」で、あなたを超えた創造に目的は存在していないからです。

このような表現は大げさに聞こえることはわかっています。あなたはこれまでの人生を通して、自分より高次のパワーを持っている何かの配下に自分をおくという世界観を受け入れてきました。もしそれが神のパワーでなければ、自然の力というパワーかもしれません。権威ある人のパワーでなければ、人間性が有している破壊的な衝動のパワーかもしれません。しかしどれも真実ではないのです——もっと正確に言えば、あなたが本当の自己を発見すれば、そのどれもが真実ではなくなるということです。究極的には、**自分自身の目的を発見することは、本当の自分を発見すること**につながります。あなたの中に組み込まれた宇宙の計画は、目に見えないあるガイドラインに従っているのです。そのガイドラインとは次のようなものです。

1 すべてのものには意識がある

創造において死んでいる状態のものはひとつもありません。意識とは宇宙全体の活動であり、それはあなたが何かを意識しているとき、宇宙はあなたを通して意識しているということを意味します。あなたが**見たり行ったりすることは、全体の計画に変化を与**

えているのです。

2 すべてものがピッタリ整合している

宇宙には、**緩んでいる部分も、余っている部分もありません。**全体性は、それぞれの部分があるべき場所におさまり、それぞれに必要な役割を与えています。何かがランダムな出来事に見えるとき、ひとつのパターンが別のパターンへと移行するところを見ているのです。

3 全体の計画は自己組織化されている

全体の計画に外部からのコントロールは必要ありません。銀河・蝶・心臓・種族全体など何であれ、いったん活動状態に入ると、その**内部の仕組みは自ずと何をすべきか知っています。**

4 進化はそれ自身の中で展開する

いったん何かが成長し始めると、**それ自身が最高の形態になるよう追求していきます**――最高の星、最高の恐竜、最高のシダ、または最高のアメーバといったように。その形態が使い果たされると、さらに創造的で興味深い新しい形態へと変化していきます。

5 自由が究極のゴールである

あなたは最終目的地に到達することによって勝つわけではありません。あなたは**古いゲームが終わった瞬間に新しいゲームを見つけることによって勝つ**のです。これは中身のない自由ではなく、あなたが空虚さの中で漂うことなどありません。むしろこれは決して尽きることのない可能性という自由なのです。

あらゆる次元において、自然はこれら五つのガイドラインに従っています。それらは目で見ることはできず、意識の中だけに存在しています。あなたがそれらに気づかない理由は、神が秘密にしているからではありません。計画は抽象的なものではなく、むしろその逆で——計画は、あなたの体のすべての細胞の中に組み込まれているのです。あなたが望めば、その計画に気づくことができます。そしてそのとき、宇宙は新たな側面を得るのです。

1 すべてのものには意識がある

この真実に沿って生きることは、あなたが**すべての生命体を尊重していることを意味**します。あなたは自分が命ある全体の一部であると信じ、自分のあらゆる行動が全体の進化を助けているかのように行動します。あなたは、最も低次のものから最も高次のものまで、あらゆるレベルの意識と一体であることを認識しています。

2 すべてものがピッタリ整合している

この真実によって**あなたの心が開き、生命全体がどのように影響を及ぼし合っているかを理解する**ようになります。機械的な観点から考える代わりに、それぞれの出来事が有機的に展開していっていることを理解するのです。目の前のことだけにとらわれるのではなく、もっと大局的な見方をします。どのように、そしてなぜものごとがピッタリと整合するのか研究するようになることも自然な展開でしょう。宇宙的な規模で思考している包括的な知性というものは存在するのでしょうか？　もし存在しているとしたら、あなたはこの宇宙的な心の中のひとつの思考なのでしょうか？　それとも宇宙的な思考プロセスの一部なのでしょうか——もしくはその両方でしょうか？

3　全体の計画は自己組織化されている

これは最も魅力的な真実のひとつです。なぜなら、**この世界には始まりも終わりもないということを意味しているからです。**宇宙とは引き潮や満ち潮のようなものではありません。宇宙とは海全体のようなもので、息を吸って吐いて呼吸をするように、波を起こしては、またその波を全体へと戻すようなものなのです。**あらゆる出来事がつながっており、何ひとつ分離しているものはありません。**私たちの視界が狭いために、分離しているように見えてしまうだけなのです。もっと広いレンズを通して見れば、あらゆる出来事がともに発生していることがわかります。

文字を読めるようになった一匹のアリをイメージしてみてください。世界でいちばん賢いアリということになりますが、体が非常に小さいため、ひとつの文字から次の文字へと這《は》っていくことによって本を読むのです。アリの観点からすると、本の話の筋は完全に一直線の線形なので、ずっと大きな生き物であるあなたがその本を全体としてとらえ、どこでも好きな箇所を拾い読みしたり、冒頭より先に結末を読むことができたり、クライマックス部分を試し読みすることもできたり、また興味ある部分だけを選んで読むこともできると知ったら、アリはさぞかしびっくりするでしょう。あなたにはそれらすべての読み方ができるわけです。直線的な読み方は、数ある読書法のうちのたったひとつに過ぎないからです。生命全体についても同じことです。

'4' 進化はそれ自身の中で展開する

直線的思考がひとつの選択肢（それもかなり任意の選択）に過ぎないとわかれば、**進化を新しい見方でとらえることができるようになります。**背骨が湾曲した霊長類がネアンデルタール人になり、やがて石器人に、そして最後にはホモサピエンスとなり、だんだん背が高く、そして背中もまっすぐになっていく様子を示す博物館の図表を思い浮かべてください。直線的思考というものがよくわかる見本ですが、人間の進化の原動力は脳であり、脳は直線的には発達してこなかったということが見過ごされています。脳は包括的に成長してきました。脳の新しい領域はすべて全体の進化に貢献しました。どんな新しいスキルも、脳全体によって感知されました。

たとえば、私たちの祖先が初めて直立したとき、運動協調性・視力・バランス・血流・その他、あなたが自分のものだと認識している体と心の多くの側面に影響を与えました。人類を下等霊長類と区別する身体的進化の教科書的な例として、親指を他の指と対置できるということがありますが、人さし指に親指を押しつけるというこの新しい能力の中には無限の可能性が秘められているということを理解した脳がなければ、それも無意味なものになるでしょう。この基本的なスキルから、芸術・農業・道具・建築そして武器といった**すべてのものが発展していくためには、脳による包括的な反応が必要**でした。進化とは、宇宙全体の活動なのです。

5 自由が究極のゴールである

もし進化が至るところで包括的に起きているとしたら、それはどこへ向かっているのでしょう。何世紀もの間、人類は自分たちこそが神の創造物における頂点だと考えてきました。そしてダーウィンによって、人間とは多くの種の中のひとつに過ぎないとしてショッキングなまでにその地位をおとしめられたにもかかわらず、私たちはいまだ特権的な存在であると信じています。しかしその特権的な地位とは、生命の階級のトップではありません。そういうことではなく、私たちは**創造性とは無限であると把握している唯一の創造物**であるということなのです。進化はあらゆる方向へ向かっており、ひとつの終着点へ向かっているわけではありません。宇宙の究極的なゴールとは、無限に広がっていくことなのです。つまり**進化とはどんどん自由になっていくことであり、その究極のゴールは完全なる自由**なのです。

原子が原子とぶつかるとき、その物質の単位がどう結びつくかは自然の法則によって決定づけられます。しかしそれと同時に無限の多様性が認められています。私たちは、動的で、自由で、創造的で、そして予測不可能な設計図に組み込まれているのです。その証拠は、私たちがゲームと呼んでいるものの中に見つけることができます。野球ゲームがどのように行われるか考えてみてください。それは完全に意識の中に存在していま す。人間は、皮のボールを棒で打つことに価値があると決めました。目に見えぬルールが考案され、各プレイヤーはそれを記憶します。ゲームが行われている最中にルールについて口にするプレイヤーはいませんが、違反があれば即座に気づかれ、罰せられます。野球場はさまざまな線や境界で厳密に区分されていますが、こうした制限の範囲内でプレイヤーは自由に動けます。まったく同じゲームというものはひとつとして存在しませんし、同じスタイルもしくは同じ才能を持つプレイヤーもいません。そしてゲームが始まると固定されたルールと自由な試合進行が合わさって、どちらが勝ったか決定されます。野球ゲームには**厳正なる一連のルールがあるにもかかわらず、九回裏になるまで勝敗はどういう結果になるかわかりません。**

この世のすべてのゲームが創造的な状態における意識の現れです。宇宙もこれと同じ創造的状態にあります。いわゆるインテリジェント・デザイン（全知の創造主が宇宙のすべてのものが完璧に組み合わさるように創造したという概念）の擁護者たちが、創造を前にして畏敬の念を抱くことは決して間違いではありません。しかし真の問題は、インテリジェント・デザインは十分に知的ではないということです。インテリジェント・デザインの概念は、現実として宇宙は常に変化しており、また今現在これまで以上に激烈な変化のさなかにあるにもかかわらず、神を決して変化することのないひとつの大きな知として限定してしまっているのです。

もし宇宙全体に意識があるなら、この世に偶然などなく、すべてが必然であることの説明がすぐにつくはずです。しかし私たちと同じぐらいに意識的な石が道端にころがっていると想像するのは難しいことです。それでもこの反論を切り抜ける方法があります。あなたは夢を見ているが、そのことに気づいていないという状態を想像してください。夢の中で人々が動きまわっているので、彼らには意識があるように見えます。また、まるで意識を持っているかのように行動する動物たちの姿を目にします——たとえば動物たちは興味津々であり、訓練すれば新たな行動ができるようになりそうだといった具合です。しかし石や雲については、それらは無生物なので意識もないとあなたは見なします。そんなとき、誰かがやって来てこう言います。

「すべてのものに意識があります。意識はなくてはならないものなのです。あなたのまわりに見えるすべてのものは、人間の脳内で起きていることです。その人間とはあなたのことです。夢を見ているのはあなたであり、これがあなたの夢である以上、あなたの意識の中で共有されているものなのです」

「私は夢を見ている」と「私は夢の中にいる」という状態の境界線は、ほんの微細なものです。なぜならどちらも脳が創り出す状態だからです。その境界線を越えてみませんか？　その境界線を越えることが必要とされる文化もあります。たとえば古代インドの賢者たちは、人生でさえ夢にたとえました。なぜならあらゆる経験は主観的なものだからです。この世界は主観的にしか経験できません。もしあらゆる経験が「ここ」で起こるとしたら、ものごとはすべてピッタリ整合しているということは完全に理にかなっています。つまり、私たちが整合させているのです。ランダム（手あたり次第）ということでさえ、人間の脳によって創造された概念です。夕暮れどきに現れる蚊はランダムであることを意識していませんし、同様に星と星の間の塵《ちり》の原子もランダムであることを意識していません。私たちは**自分の先入観と整合するまでは形やデザインを認識しません**が、そのことは自然にとって重要ではありません。電子顕微鏡を通してみると、人間の体のあらゆる細胞が渦を巻いて活動する靄《もや》のように見えますが、それは単なるひとつの物の見方です。自然に関する限り、あなたの体のあらゆる側面には秩序があり、目的があるのです。

そこであなたは選択を迫られます。秩序が存在すると人間が言っているところにだけ秩序は存在するという立場をとることもできますし、もしくは秩序はあらゆるところに存在するという立場をとることもできます。どちらにせよ結局は自分なりの見解をとるわけです。もし世界中の人々の半数が「神があらゆる創造物をデザインした」と言い、もう半分の人々が「創造とはランダムな出来事である」と言ったとしても、宇宙の姿に変わりはありません。意識でさえも、私たちが押し付ける人工的な境界を無視して、あなたの体・脳・心、そしてあらゆる創造物を通ってやはり流れていくでしょう。二者択一の選択肢は**科学か宗教かというところにあるのではなく、宇宙の計画に参加するか否か**というものなのです。そこには自発的な側面と、無意識の側面があります。野球の試合のようにプレイしたいと望まなくてはなりませんが、いったんゲームを始めれば、その中に完全に入り込んだ状態になるのです。

あなたの人生において

——ゲームの核に参加する

どんなゲームでも同じですが、人生というゲームに参加したからには、勝つためにプレイすべきです。あなたは自分の中の最も核となる部分から自分自身と関わらなければなりません。神の計画のガイドラインを知ることで、あなたはこの点において非常に有利になります。ガイドラインを知らないということは、あなたが違反したときにだけルールがひとつずつ示されていくというゲームをしているようなものです。人生は、ほとんどの人にとってはそのように進んでいきます。人々は試行錯誤しながら、どう生きるべきかを発見していくのです。あらゆる人に対応していて、あらゆる偶然を網羅しているとされるルールブックに頼る人々もいます（聖書はそのひとつですが、他にもそのようなルールブックはたくさんあります）。インドでは、こうした生きる上での指針（プラーナ文献として知られる書物に集められています）は何千ページにもわたり、最も難解で神秘的な局面や行動の取り合わせについて入念に描写されています。しかし、最終的には、ひとつの手順に従うことによって模範的な人生を送った人など誰もいないのです。

ルールを持たないことと、厳正なルールを押し付けることの間に、自由意志に対する制限を最小限にする動的なガイドラインの余地を宇宙は残しています。それぞれのガイドラインは、私たちが本格的にゲームに参加するために最大限の達成を可能にしてくれます。達成とは物質的な成功のことではなく、**意識がどのように働いているのかを完全に理解すること**を意味します。

あなたの最高のゲームとは、次の通りです。

- 意識に仕事をさせる
- 流れを阻害しない
- すべての人を自分自身の延長と見なす
- 変化を見守り、その変化を賢く利用する
- あらゆる源から情報を収集する
- 自分の意図が明確になるまで待つ
- 個人的なものなど何もない（宇宙はあなたを通して活動している）ことに気づく
- 他ならぬインスピレーションを求める
- すべてのステップをプロセスの一部と見なす

これらの戦略にはひとつの共通項があります。それはすべての人々の人生の根底にある、目に見えない計画に沿っているということです。しかし、参加自体は自発的な行為なので、計画に協調している人と、していない人との間には顕著な差があります。この点について、逐一説明していきましょう。

意識に仕事をさせる

このガイドラインに従う人は非常に主観的ですが、その主観とは気まぐれなものではありません。彼らは**一時的な気分に屈したりしません**。その代わりに彼らは自己認識しています。自己認識とは、ある状況の中で自分が居心地悪く感じたときにそのことをわかっていて、**しっくりくるまで前に進まない**ということです。彼らの体は、深刻に受け止めるべきストレスや緊張の兆候があると合図を出して知らせてくれます。そのような人々は自分を信頼しており、それは完全に主観的な状態ですが、非常にパワフルなものです。エゴに根差した自己を信頼するのは愚かなことですが、自分が何者であるかを真に知るとき、魂の次元から自分を信頼することができるようになります。その次元においては、意識は単に主観的なものではなく、宇宙・魂・心・体を通って流れているのです。意識に仕事をさせるということは、自分自身よりも広く、すべての現実をひとまとめにするほど広大な、すべてを組織化している原則に身を委ねることなのです。

流れを阻害しない

仏教には、すべての現実の中に流れている大きな川について語っている深遠な教えがあります。**いったん自分自身を見つければ、もはや行動する理由がなくなります。**川はあなたを拾い上げ、その後は永遠にあなたを運び続けます。言い換えれば、個人的な次元での努力、つまり私たちが日常生活において慣れているタイプの努力は、ある地点まで来ると意味をなさなくなるのです。これには精神的な努力も含まれます。いったん自己認識すると、人生の流れを分析することもコントロールすることも必要なくなるということに気づくのです。なぜなら、すべてがあなただからです。大きな川は、あなたを拾い上げるように見えるだけです。実際には、あなたが自分自身を拾い上げます。分離した個人としてではなく、宇宙の現象としての自分自身を拾い上げるのです。川の流れを誘導する必要もありません。あなたは川の流れに乗ることを楽しみながら、景色を眺めることができるのです。

間違った責任感から身を引くことを学ぶには、**コントロールしたい、防御したい、保護したい、リスクを回避したいといった衝動を放棄する**ことです。そのすべての衝動が間違った責任感です。あなたがそれを手放すことができていれば、流れを阻害しないでいられます。あなたが執着していると、人生は、あなたがコントロールすべきもの・自分を守らなければならない状況などをもたらし続けるでしょう。リスクは至るところにあります。あなたに不利なように運命が設定されているわけではありません。心の中で前もって作られた葛藤を意識が展開するとき、自分の最も奥深いところにある信念が反映されているのを見ているだけです。現実を展開していくのは宇宙の仕事で、あなたの仕事は種を蒔くことだけなのです。

――すべての人を自分自身の延長と見なす

スピリチュアルな道を歩んでいる人々は、誤解を受けることがよくあります。自己中心的になったと非難されるかもしれません。そうした状況が示唆するのは、「それがあなたのすべてではない」ということです。もし「あなた」が分離されたエゴを意味するとしたら、自己中心的になったというのは真実でしょう。しかし魂の次元において、自己は変化します。境界がなくなると、**自己は人生の流れと溶け合う**のです。スピリチュアルな道において流れを感じられるようになり、進んでその中に身をおけるようになります。そのとき――そのときになって初めて――すべての他人が自分自身の延長になるのです。自分がこの地点に到達したことは、どのようにしてわかるのでしょうか。まず敵がいなくなります。次に、他者の痛みが自分のもののように感じられます。そして三番目に、**共通の思いやりがすべての人々をつなげることに気づく**のです。

これら三つの認識が身につき始めると、現実がシフトしていきます。あなたは、スピリットの無限の風景の中に新しい居場所を得るでしょう。しかし、それが実現する前から、あなたはすでに他者とつながっているのです。その真実を生きていくことを阻むものは何もありません。常に人格の違いというものは存在するでしょう。何が変化するかというと、それは利己心です。「私」を中心に考えるのではなく、すべての人をつなぐ集合意識としての「私たち」のことを中心に考え始めるのです。実際面では、**同意・意**

見の一致・和解を求めることを意味します。これらは流れの中で生きる人にとっての主要な目的なのです。

――変化を見守り、変化を賢く利用する

あなたは、**うつろいやすいという人生の特質を自分に有利なように利用**することができます。ほとんどの人々が変化を恐れ、その他の人々は変化をやり過ごします。変化を創造的に利用するためには、そのような態度ではうまくいきません。動的でもなく、成長の可能性も見られないような人生の戦略で作用しているものなど何もありません。変化自体は中立的なものです。どんな建設的な変化にも、破壊的な側面があるからです。しかし鍵を握っているのは、変化の「法則」です。なぜならその法則は、人生の流れの中に生きることが成長と創造性をもたらし、その一方で出来事・思い出・快楽・啓発を凍結しようとする試みが停滞をもたらすということを決定づけているからです。あなたの人生において、最も啓発的もしくは楽しい瞬間は、存分に味わわれて持続されることを強く求めてきます。あなたはその誘惑にあらがわなくてはなりません。なぜなら、あ

る経験にしがみつこうとした瞬間、その経験をそもそも特別なものにしていた生命力が失われるからです。

変化の法則は、**あなたの人生を新鮮に保ち、刷新していく**ために使ってください。**人生の流れは常に更新される**ものだという考え方をすることで、あなたの人生を停滞させたり、未来に対して不安を抱くことを回避する助けとなるでしょう。私たちが未来に対して不安になってしまうのは、「最善なことはもうすでに起こってしまった」、もしくは「逃したチャンスが決定的なものだったかもしれない」という絶え間ない恐怖のためです。「失いたくなかった人」というのは、失恋において繰り返されるテーマです。そしてそのテーマは、失敗した仕事・中止になったプロジェクト・しぼんでしまった大望にも同じようにあてはまります。しかし現実では、「失いたくなかった人やものごと」という考え方は、固定観念への執着を招くことになります。どんな創造的な人の成功も、インスピレーションが途切れないという信頼が基盤になっています。あなたが創造すればするほど、創造するものは増えていきます。八十歳になる著名オーケストラ指揮者についてのドキュメンタリーで、最も感動的だった場面は彼の最後のコメントでした。「私はあと何年も生きたいとは思っていません。自分の音楽を通じて言いたいことのすべてを、たった今言い始めたところだということを知りたいだけなのです」

――あらゆる源から情報を集める

　宇宙とは多次元的な世界であり、人生の流れについて話すとき、それは多次元的な流れのことを言っているのです。大河が海へと流れだす地点ではなく、**百本もの小さな流れが合流し、混ざり合い、それぞれが独自の役割を果たしている**ところを想像してみてください。人生から最大限よいものを引き出すには、どんなものごとでもそれに貢献することができるということに気づかなくてはなりません。インスピレーションは、内側からも外側からも、あらゆる方向から湧いてきます。魂がどれだけ継続的に自分とコミュニケーションをとっているかを実感するためには敏感なアンテナが必要です。それは、ひとつのおもしろい番組を見つけ出すために、ケーブルテレビの百チャンネルにひとつひとつ周波数を合わせるようなことではありません。もっと正確に言えば、**日々脳に押し寄せる大量の感覚の中に、自分にふさわしいものがある**のです――それは、自分にとっての個人的な意味を持っています。

インドの伝統では、神は、その姿を現すのと同じぐらいの時間、その身を隠していると言われています。これは日々の真実のことを指しています。次にあなたを活性化させるものは、あなたがそれを目覚めさせるまで眠っています。未来とは、私たちが「未知」と呼んでいる隠れ家のようなものです。しかし、まさに今この瞬間、すでに知っているものとなった「既知」は、もし未知から来るのでなければ、どこからやってくるというのでしょう。「何かがそこで待っている」と本能が告げるのも、根拠がないわけではないのです。あなたは未知と既知の間の中心点に立っています。暗黒へたどり着き、意味をなすであろう次のものを取り出すことは、あなたの任務なのです。

既知のことを何度も何度も繰り返すことによって、その任務を避ける人々もいます。彼らは、未知のものは本当の意味で目に見えないわけではないということに気づいていないのです。魂はあなたが必要とするものを予測し、あなたの道にヒントや手がかりを提示します。これは微細なかたちをとった魂による導きなのです。それは不要なものや、無意味なもの、間違った方向への導きや、誤ったスタートなどを識別してくれます。もし注意力の高まった状態に波長を合わせていれば、**自分がすべきことについての生き生きとした感覚**を受け取るでしょう——それが「正しくて、魅力的で、誘惑的で、心惹かれ、楽しく、興味深く、おもしろく、チャレンジしがいがある」と、すべて同時に感じられます。そうした感覚に心を開くこと、つまり**完全に主観的な状態でいること**によって、**魂が残してくれるヒントをつかむことができる**ようになります。未知とは、その隠れた輝きを見ることができない人々にとってのみ暗黒に見えるものなのです。

自分の意図が明確になるまで待つ

あまりにも多くの人が、間違った場所で自分のやる気を探しています。彼らは自分のエネルギーと原動力を増やしたいと思っており、最大限の報酬をほしがっています。次なる大発明やビジネスアイデアが稲妻のように降ってくるのを待ち構えているのです。しかし、やる気の真の源は、そのようなものではありません。やる気とは、エネルギーと情熱を投入してアイデアの種を芽吹かせ実らせるもので、明確な意図から生じます。自分が本当にやりたいことを確信することは、大きな計画や大きな報酬を含むすべてのものを生み出す導火線になります。混乱と不確実性は、人生の流れをいくつもの切り離された弱い流れへと分断してしまいます。明確な意図は強制できるものではないため、多くの人が見つけられないままでいます。彼らは自分自身をある程度、人生のさまざまな分野に順応させます。しかし明確な意図を見出すための秘訣《ひけつ》などありません。待つしかないのです。

待つことは受動的な行為ではありません。ただ受動的に見えるだけです。適切に待つという行為には、区別することが含まれます。あなたは**何を正しいと感じ、何を正しくないと感じるか、ひそかに選別している**のです。漠然とした幻想を思い浮かべたり理想主義的な計画を練ったりもしますが、無意味なものはやがて消えていきます。あなたはその中で、いつまでも消えずに残っているものがないか、目を光らせます。さらに、不安になっている自分がいないか、自己疑念で葛藤しているところはないか、壮大な野望に誘惑されていないか、不可能な妄想に躍動していることはないか、といったことも含めてセルフチェックします。最終的に、明確な意図が姿を現すことでしょう。そして明確な意図がいったん現れれば、魂の中に宿る「目に見えぬ力」があなたを助けにくるのです。多くの人々にとって明確な意図が現れるのを待つのは非常に疲れることなので、一般的には若者が社会人として働き始めなければならないと感じるような不確実な時期にほんの数回取り組むだけとなります。いろいろ考えたあげく、彼らは目的を失ったようになり、そしてプレッシャーを感じます。彼らは、もっとやる気のある仲間たちが就職市場において自分を抜かしていくのを目の当たりにします。

しかし後になってみると、明確な意図が姿を現すまで辛抱した人は幸運だったということがわかります。ストレス・仲間からのプレッシャー・疑念にもかかわらず、彼らには「何かがあちら側で待っている」と信じる内なる強さがあったのです。もしくは、何かがここで待っているのです。それは結局、同じこと――精神という絡み合った織物から注意深くとり出される必要があった、隠れた可能性を意味します。あなたが自分に対してできる最も重要なことは、**可能な限り何回もこのプロセスを経験する**ことです。魂を覆っている霧は厚いかもしれません。しかしもしあなたが望むなら、そのプロセスにどれだけ時間がかかろうと、霧は晴れるでしょう。

個人的なものなど何もない（宇宙はあなたを通して活動している）ことに気づく

自分の人生を個人的にとらえるべきではないと言うと奇妙に聞こえますね。そもそも自分の人生以上に個人的なものなどあるでしょうか。しかし宇宙の計画は、完全に非個性的な力から成っています。その非個性的な力は、あらゆる対象物・あらゆる出来事に平等に適用されます。たとえば重力がそうであるように、その力は、あなたに不利、もしくは有利に働くわけではありません。自分の魂を見つけるということは非個性的な自己を見つけるのと同じことにもなります。なぜなら魂は、宇宙を支えている目に見えない力に直接的につながっているからです。知性は非個性的なものであり、創造性と進化も同様に非個性的なものです。そして、それらはあなたの最も深い意識の中で発見されるのです。それらを最大限に活用するためには、人生を学校と見なし、意識を履修課程だと見なしてください。

エゴは、あらゆるものを個人的にとらえるので、大きな障害となります。たとえば経験は「私」に起こっているわけです。仏教では膨大な時間を費やして、この「私」が経験をするという概念を捨て去ろうとします。それどころか「経験はそれ自体が姿を現し、そしてあなたは経験者というただの導管に過ぎない」と仏教徒は述べます。こうして私たちは、「考えること＝思考そのもの」といった公式を得るのです。「存在＝ただ在る」、もしくは「ダンサー＝ダンスそのもの」といったシンプルな主張の複雑さを解明しようとすると不可解なことになりえますが、その本質は実用的なものなのです。人生を個人的なものとしてとらえなくなればなるほど、人生はあなたを通してより容易に流れるようになります。軽やかに対応したほうが、ことがうまく運び、しがみついてしまうとうまく流れません。どんな経験もあなたを強くするか心をかき乱すかのどちらかであると見なしても、同様にうまく流れなくなってしまいます。あらゆるものに固有の価値があり、エネルギー・創造性・知性・愛それぞれの中においてのみ、測ることができるのです。そのような価値を見出すためには、「それは私にどんな利益をもたらすだろうか」と思うのをやめなくてはなりません。そのように思うのではなくて、**起きることをただ目撃し、そのすべてに魅力を見つける**のです。

――他ならぬインスピレーションを求める

日常生活とは恐ろしく平凡なものになりうるものです。できるだけたくさん興味深いものごとを累積させることで退屈を克服することができますが、結局、奥深くに至ることはできないということに気づくかもしれません。というのも、人生を退屈なものにしているのは人生に奥行きがないからです。深いところでは、**あらゆる経験は活力に溢れ**

ています。あなたの人生が表面的にはどのように見えていようと、あなたは溢れるエネルギーを感じます。精神性を高める伝統の中には、日々のルーティン（決まりきった日常の仕事）を活性化させることを究極の目標としているものもあります。つまり、水を運び、木を切るという日常を営みながら、それでも宇宙を感じることができるという考え方です。私はそのような伝統を尊重してはいますが、人生が差し出してくれる最も活力溢れる特性、つまりインスピレーションに欠いていると感じることがあります。精神性を高める伝統では日々のルーティンを光で満たすよう宇宙に求めることを魂に課していますが、人生におけるたぐいまれな達成も光で満たしてもらえるよう求めてみようではありませんか。

意識そのものには価値がありません。**意識は、あなたの意図がどの方向に動くか**によって、醜くも、味気なくも、生気のないものにもなりえます。色彩に溢れながらも美しい絵が確実に生まれる保証はどこにもないという芸術家のパレットのようなもので、意識には活力・壮麗さ・魅力があります。しかし自己認識している人でさえも、自動的にそのような特性に溢れた人生を送れるわけではありません。**意図を持って意識を形成しなくてはならない**のです。だからこそ、インスピレーションを求めることが不可欠になるわけです。妥協しないことが重要です。前述したように、あなたの魂は道を進んでいく過程で「ヒント」、つまりあなたをワクワクさせる次のものへの手がかりを示してくれます。もっと正確に言えば、どんなヒントがもらえるかは、あなたがどこへ向かっていて、またどこから来ているのかということ次第なのです。もしあなたがあまり期待もしていない道を歩んでいるのであれば、あなたが見つける次のものはそれに応じた期待値の低いものを支えることとなるでしょう。

あなたの魂自体が計画を持っているわけではありません。魂は、あなたをできる限りベストな状態にしようと必死になっているのではなく、あなたが自分自身の中に発見する可能性を満たそうとしているのです。そしてそれはあなたと魂は共同事業を行っていることを意味します。**あなたは求め、魂は与えます。**魂が与えるものは、あなたが次に求めるものへと導きます。あらゆる出来事に明確な意図を持って出会えることはめったにないため、私たちはゴチャゴチャ混ざり合ったものを求めたり、矛盾したり混乱したものを求めることもあります。そしてそんなとき魂は、**結果的に決して理想的とは言えない機会を与える**ことになるのです。私たちは、あてもなくさまよっている自分や、間違った道を歩んでいる自分を見出したりします。こういったことを避けるには、他ならぬインスピレーションを求めてください。つまり至高のビジョンを心に抱き、そしてどんな状況にあっても、そのビジョンに従って至高の結果を求めてください。

この戦略もまた純粋に主観的で、あなたの内側で起こります。しかし自分のビジョンに向かって着実に突き進むことによってのみ、あなたが表現すべくして生まれてきた目的となる至高の可能性と自分自身をつなげることができるのです。あなたがなりえる最高の姿とは、最高ではないものを何度も何度も拒絶するという一連の決断に収束します。これは消費者が買い物をする様子を話しているわけではありません。最高とはいえない恋人、最高とはいえない車、最高とはいえない家、最高とはいえない職業のことでもありません。最高ではない考え・動機・目的・解決法・目標を拒絶して、その代わりに、さらによいものを待つことを選び、**魂がそのよりよいものをもたらしてくれるであろうことを信頼する**のです。

すべてのステップをプロセスの一部と見なす

「それはすべてプロセスの一部だ」と言われると、人生とは時間と忍耐を要するものであるかのような諦観《ていかん》の響きを帯びて聞こえますが、厄介でも十分に長い間我慢できれば、そのプロセスは最終的にうまく作用します。この言い方も、そのプロセスがまるでそれ自体のやり方を押し付けて行動に移す官僚的なものや、自動的に結果を生み出すベルトコンベアのようなものに感じさせるかもしれません。私が言っているプロセスとは、そのようなものではまったくありません。それは**動的で、予測不可能で、魅力的で、常に変化し続ける**ものです。そのプロセスに乗じると、**究極の喜びと充足**がもたらされます。人生を形而上学的に見ることができる偉大なスピリチュアルの師たちは、そのプロセスは自立したものであるとしばしば力説します。ある著名なインド人のグルは、かつてこう尋ねられました。

「私の個人的な進化とは、今私が行っている何かでしょうか？　それとも私に起きている何かでしょうか？」

その答えはこうでした。

「両方です。でももし選ばなければならないとしたら、あなたに起きている何かです」

しかしそれにもかかわらず、スピリチュアルな道は、自動的なものには感じられません。人生は、空高く飛んでいる鷲《わし》ではなく、地に這う小さなアリの観点から、今この場で参加することが求められます。あなたは一分一秒、集中しなくてはなりませんし、**新しい課題が常に現れるので見過ごすわけにはいきません。**人生を瞬間の連続だとし、前進したり後退したりするステップとしてとらえることは安易すぎます。ほとんどの人が、俗に言う「その日その日を精一杯生きる」ことによって、そのようなかたちで人生に参加しています。この観点は、私たちをサバイバルゲームの「生存者」にしてしまいます。それは人生の全体性を否定することになります。そしてもしあなたから全体性が失われたら、心を込めて人生に参加することは不可能になってしまいます。もし、パン一斤《きん》まるごと自分のものになりうると知らなかったら、一度に一枚ずつ受け取ってしまうのも当然でしょう。

人生のプロセスは神秘的なものなので、私たちは比喩を用いて話さざるをえません。もしあなたが今、車にガソリンを入れているところなら、赤ちゃんのおむつを替えている最中なら、もしくは歯医者の椅子に座っているとしたら、そのプロセスはまさに今起きているのでしょうか。あなたがカレンダーで丸をつけた日に、そのプロセスはすばらしい結果を見せてくれるのでしょうか。目に見えるものと見えないもの、崇高なものと悲惨なものが入り混じることは避けられません。あなたがとることができる唯一の実行可能な態度は、「これがまさにそれだ」というものです。ときに「それ」は何でもないこともありますので、あなたはそれが終わるまで待つことができないでしょう。ときに「それ」はまるで天国が去ってしまったかのような感じがして、あなたにできる唯一のことは、それが永遠に続くことを望むことぐらいです。しかし「それ」というのは、飛んでいる鳥のようなものです。あなたはそれを決してつかまえられないでしょう。奇跡とは、鳥を追うことによって人間の脳のような偉大な創造物が作られたということです。私たちはときの経過とともにより崇高なものになっていく、経験という織物に自らを織り込んでいきます。しかしそれぞれの糸は、思考・願望・感情の束に過ぎません。あなたが生きたあらゆる瞬間が、織物にさらなる縫い目を加え、そしてたとえ最終的な模様がどのようなものになるか想像できないにしても、**その糸がすばらしいものであると知ることは助けになる**でしょう。

エピローグ

全体性に至る10のステップ

全体性とは体と心と魂がつながった結果、もたらされる状態です。**全体性を取り戻すと自己から分離していない状態が保たれる**ので、あなたが行う選択はどんな次元においても有益なものになるのです。いったん魂がどのように機能するかについて認識すれば、あなたにはそこから離れる理由も、魂の次元ではないところで生きる理由もなくなります。それでも魂なしで生きることは、楽な道でもあったのです。自分が真の自己から分離していても、それを無視することは可能です。つまり問題が解決されないままでも、人生は続いていくわけです。また悪い決断によって痛みと苦しみがもたらされますが、人々はそれを我慢できるようになります。言い換えれば、やめられない癖や惰性、古い条件付けがあるがゆえに、**全体性に至っていない人生は「楽」でもある**のです（私の最初の瞑想ティーチャーが、毎日瞑想するとコミットしないのなら、瞑想し始めないほうがよいと言っていたことを思い出します。「悟りに至るまでに何年かかるのか私にはわからないが、やめるにはたった一日で十分なのだ」と）。

秘訣は、全体性を完全に実現する前でも、今、全体性の中で生きてしまうことです。そこで必要になるのは、あなたのビジョンを生かしてくれるライフスタイルです。「ホリスティック（全体的・包括的）」という言葉は、オーガニック食品や二酸化炭素を排出しないこと、予防医療を行うこと、代替医療を信じることを意味するようになりました。それらが皆、よいことであるのは確かです（前の世代の人々にとっては夢でしかなかった、意識の成長の証です）。しかしホリスティックであれば、スピリチュアルな道にとどまることができるというわけではないのです。ホリスティックなライフスタイルは、魂との結びつきを支えるものでなくてはなりません。たとえその結びつきが脆弱なときでも、です。

高い精神性に通じる師たちは、何世紀にもわたって古い生き方と新しい生き方の間の隔たりをいかにしてなくすかについて考え、この問題に取り組んできました。教えたり、説教したりするだけでは十分ではなく、例をあげて説明することも十分ではありませんでした。しかし多くの人間が光へ向かって越境していきました（そうした人々は「聖者」「ヨギ」「菩薩」、もしくは単にインスピレーションを与えてくれる手本と呼ばれます）。そして彼らが達成したことは現実なのです。彼らの物語の本質をくみ取れば、この変容の時代における私たちに適合するライフスタイルがどのようなものなのか明らかになります。そのようなライフスタイルはシンプルで、またそのことについて他者に知ってもらったり、同意を得たりする必要もなく、実行することができるライフスタイルです。私はそれを簡単なステップに分けてみました。
これを「全体性に至る10のステップ」と呼びます。

1　あなたの「ライト・ボディ」に栄養を与える
2　エントロピーを進化へと変化させる
3　より深い意識にコミットする
4　スピリットとして寛大になる
5　消費の代わりに人間関係に焦点を当てる
6　自分の体に意識的に関わる
7　毎日を新しい世界として愛おしむ
8　時間を超越する
9　世界を理解しようとする代わりに世界を感じる
10　自分自身の神秘を追求する

この10のステップは、意識の中で起こります。そして私個人にとっても最も意味のあることです。なぜなら、これらのステップはすべて私の旅の結実だからです。インドの子ども時代、運命とは、vidya（英知）と、avidya（無知）の間で均衡がとれている地点にぶらさがっているものだと教えられました。この「英知」か「無知」か、という選択は何千年も前に遡るものですが、小さな子どもでも理解できるような絵画的な言葉で表現されていました。私が生まれた時代のインドは、ヒンズー教徒とイスラム教徒が路上で起こす暴動から、目に余る社会的不公正と飢えに瀕して生きる何百万という人々に至るまで、国が想像できる限りのあらゆる災難と闘っていた混乱のさなかにありました。何が私たちを救ってくれるのでしょう。神への信仰心も、大がかりな社会的プログラムも価値あるものではありますが、救いになってはくれません。人生は、自分の意識の中に存在する価値観に基づいて進むものだと私は教えられました。光の道を選ぶべきか、それとも暗闇《くらやみ》の道を選ぶべきか。八歳になる頃までには、私はどちらの道を選ぶべきかわかっていました。もし「英知」の光によって生きれば、幸福・成功・繁栄・ウェルビーイングが目の前にもたらされるだろうことを知っていたのです。

後年になって私は純粋さを失い、八歳の頃に行ったこの決意をベンジャミン・フランクリンの「早寝早起きをすれば、健康・豊かさ・賢さを得られる」という言葉のような、ある種うわべだけのものとして見なすようになりました。そうした思いにさらに拍車をかけたのは、病気・貧困・不名誉をもたらす「無知」の中で生きることへの恐れでした。「神様を信じないと悪魔がやってきますよ」と脅される子どもたちのように、脅威を感じていたわけではありませんでしたが、ほぼ四十年もの間「英知」と「無知」、言うなれば**「信じること」と「信じないこと」という両極の間を私はさまよっていた**のです。私は、ビジョンと現実の間のギャップについて身をもって知っています。自己変容を強く信じている今日、私はそのギャップについても強く思いを馳《は》せるのです。ほとんどの人が、何が自分にとってよいのだろうということはわかっていますが、自分に誓うこと(「私は決して人をだましたりしません」「私は離婚するようなことにはなりません」「私は自分が先んずるために人を裏切るようなことは決してしません」)だけでは、決して十分ではありません。

かつて、あるグルが、混乱した弟子にこう尋ねられました。

「先生、私はどうしたらよい人間になれるのでしょう?」

グルは言いました。

「まず無理でしょう。よく考えてごらんなさい。床に落ちているピンを拾う理由が千個ありますが、そうしない理由もやはり千個あるのです」

弟子はとても不安になりました。

「では、私はどうすればよいのでしょう?」

グルは微笑み、

「神を見つけなさい」

と言いました。すると弟子はさらに不安になりました。

「でも先生、神を見つけるなど、今の私にはとうていできません」

グルは首をふりました。

「神を見つけることは、よい人間になろうとするよりも百倍易しいのですよ。神はあなたの一部です。その部分を探し当てれば、自然によい人間になれるのです」


精神性を高める道が私たちをゴールまで連れていってくれるものなら、**日々守ること**

ができる約束をいくつかしなくてはなりません。私が示した10のステップとは、まさにそのような約束なのです。それは自分の限界を超えることを求めるものではありませんが、あなたの限界は拡張し始めるでしょう。10のステップは、古い習慣や条件付けによって弱体化されることもありません。なぜなら、古い自己と闘うことは求められていないからです。あなたにできることのすべてが、新たな自己の静かな成長を促します。それ以上必要なものは何もありません。ここでの極意は、内なる変容が起きても、目で見ることができないということです。人が変わるにつれ、脳も変化します。**脳は、一度新しい道筋が作られると、古い道筋を保つことはできません。**ある意味、魂はその足跡を消してしまうのです。なおかつ、何か非常に明白なことも起こることでしょう。

私には、長年にわたって熱心な探求を行っている友人がいました。彼は、表面的にはごく普通の生活を送っていました。ばったり彼に会ったときなどはいつも、探求の進み具合について尋ねたものでした。彼は微笑み、いつも同じように答えました。

「保育器から出られる日も近そうだよ」

こんなやりとりは数年間続きました。彼はとても引っ込み思案な性格だったので、その内なる情熱について知る人はあまりいなかったと思います。そしてついに、精神性を高める厳しい鍛練をやめる日がやってきたのです。彼は以前よりも幸せそうでした。どんな変化があったのか尋ねると、雄弁に語り始めたのです。

「探求を始めた当初は、自分の精神性を高めることに関する興味に少しとまどいを感じていました。家族は私のことを反宗教的だと思っていました。私は十八歳になると家族と一緒に教会に行くことを拒否したからです。瞑想を始めると、私は自分が変化していくのを感じました。でも私のそんな様子を見ても、誰も何も言いませんでした。皆はそれ以前の私のことが好きだったのです。だから私はひっそりと続けました。そして、いつも通りの私であると皆に思わせたのです。

そのうちに、自分の願望がもうかつてと同じではないということに気づきました。心から望むものも、心から望まないものもありませんでした。私は、誰もが非常に重要だと考えるものを追い求めることをやめました。家族や友人たちは、私がさらに静かになったことに気づきました。彼らが私の変化について述べたのはそれだけです。私は自分のすべきことに取り組み、そのまま進み続けたのです。

ときは流れ、さらに多くの変化が起こりました。私は自分のエゴとそれにまつわるすべてに向き合いました。自分の古い信念と常に正しくありたいという欲求についてじっくり考えました。毎日、自分が見つめるべき新しいことがありました。私は見つめて、前に進み続けました。表面的には劇的な違いは何もありませんでしたが、でも、私が完全に違う人間になったことに近しい人々が気づかないため、びっくりさせられるような瞬間はありました」

「これはすべて、君が保育器に入っている間に起きていたことなのかい？」

私は尋ねました。友人は微笑みました。

「その通り。そしてある日、すべてが終わったのです。私は目覚め、すると、瞑想したいという欲求がまったくなかったのです。率直に言えば、過去十年間まるで何ごともなかったかのような、むなしさを感じました。鏡に映る自分の姿を見ると、その平凡な男は私を見返しました。ほんの少しの間、不安の波のようなものを感じ、少し怖くなりました。私はベッドに横になりました。するとそのとき、内側を流れる温かい液体のような『それ』が私を洗い流してくれるのを感じたのです。『それ』とは何でしょうか？私を拾い上げ、運んでくれる川のような、人生そのものです。以来、私は川の流れのままに生き、ものごとはちょうどうまくまわっています。その瞬間から、『すべて』がまわるようになったのです」

彼の顔は、一種のエクスタシーともいえる赤みを帯びていました。でも私には疑問がありました。

「なぜ、最初からその川に身を委ねなかったのですか？　なぜ最後まで待たなくてはならないのですか？」

「そこですよ」

友人は言いました。

「私には、これが終わりだと思う日がたくさんありました。そしていつが始まりの日だったかもわからないのです。起こるべくしてそれは起こるのです」

正直なところ、その道を歩み始めた最初の日がいつだったのか——もしくは最後の日がいつになるのか——誰も知ることはできません。したがって、**毎日をまるでそれが初日であり、かつ最後の日であるかのように生きる**べきなのです。太陽が昇るたびに、スピリットの中で新しい世界が生まれます。人生は常に新鮮であり、よってあなたの道も同じように新鮮になりうるのです。そうでなければ、すばらしい贈り物が与えられるのを待ちつつ、人生を先延ばしにした場合、その贈り物は決してもらえないかもしれませんし、あなたの人生は永遠に先延ばしにされるでしょう。全体性は今この瞬間につかまなければなりません。なぜなら、永遠というのは今この瞬間のような「瞬間」においてのみ現れるからです。次の10のステップの目標は、全体性を日々実現可能なものにすることです。ビジョンと現実は一体になりたがっています。それを起こすのは、まさに今なのです。

ステップ1 あなたの「ライト・ボディ」に栄養を与える

あなたの魂は、スピリチュアルな体として働きます。そしてそれ自体、栄養を与える必要があるのです。細胞が酸素や栄養を取り入れてエネルギーを発生させるのと同じやり方で、スピリチュアルな体も微細なエネルギー、もしくは「光」を送り出したり、受け取ったりします。あなたの心臓・肝臓・脳・肺といったすべての臓器は、太陽からの光のおかげで生きているのです。食べ物を口にするということは、体が化学的・電気的エネルギーとして放出するために取り込まれた太陽光を象徴しています。光を媒介としない細胞は生きてはいけないのです。

「光」は、より微細な次元においても同じ機能を果たします。**魂からのあらゆるメッセージは、エネルギーに暗号化されます。**なぜなら、脳は「愛」「真実」「美」といった、実際に意味というものが持つすべての側面を物理的な行動へと転換しなくてはならないからです。微細なエネルギーが「心」を物質的な存在へと顕現させるので、実際問題としてあなたの未来はいかにうまくあなたのライト・ボディに栄養を与えるかにかかっているわけです。もしライト・ボディに毎日新鮮なエネルギーを与えれば、インスピレーションと導きを得られるでしょう。欧米では、そのような考え方はあまりしないかもしれません。しかしサンスクリット語のjyoti（光）は物理的な意味だけにとどまりません。Jyotiは、人が人生を送る上で従っていく「意味」「成長」「善悪の影響」をもたらします。たとえあなたが筋金入りの物質主義者で、脳こそ心の源であると信じているにしても、エネルギーがなければ脳内では何ごとも起こりえません。こうして、私たちの「希望」「願望」「夢」は、光（この場合、太陽光）を通して栄養を与えられなくてはならないという同じ結論にたどりつくわけです。そして光子からできている未加工の光が、どのようにして心が持つさまざまな意味へと変化するか、説明が求められるでしょう。それは、豆が聖母子像を描いたり、カリフラワーがパルテノン宮殿を建てたりするのとはわけが違います。

魂のエネルギーを人生の意味へと日々変換するのはあなたしだいなのです。どんな経験にも意味があります。そしてあなたの脳は意味を処理するために存在しています。いずれにせよ、光はあなたになるのです。光は、もしあなたがそう望むなら、あなたが自分自身に対して持つビジョンをサポートしてくれるでしょう。しかし、ビジョンがない場合には、光は、古い習慣や閉ざされた信念をサポートすることにも注がれてしまうかもしれません。

あなたの魂のエネルギーが、家の中を通る電気のように分配されている様子をイメージしてみてください。ある一定量は、基本的な人生のサポートのためにまわさなければなりません。脳は、あなたを生かすために体のさまざまなシステムを調整する必要があります。また、日々のルーティン活動に当てられるエネルギーもあります。脳は、家族を維持したり、会社で仕事をしたりするためにも機能します。そして、快楽のためにわりあてられるエネルギーもあります。脳は楽しい感覚に満足し、娯楽、ゲーム、妄想、性的興奮といったことを通して、そうした感覚を最大限にしようとします。

従来、魂のエネルギーと家の中を流れる電気の間には類似性が見られます。家庭内に流れる電気の目的と同じく、基本的な生命維持のため、日々のルーティンのため、またある程度の快楽のために人生や家庭を営む人がほとんどです。しかし家の中で暮らしているのがピカソやモーツァルトのような人だった場合、ここに先ほど述べた類似性は崩れ落ちるのです。なぜなら天才たちは、もっと他の目的のために魂のエネルギーを最大化するからです。彼らの人生においては「意義」が不均衡なまでに重要なものとなります。幸いなことに、**微細なエネルギーの供給は、私たちが望むままに豊か**です。生活に必要な基本事項が満たされてしまえば、個人的なビジョンと高次の目的を活性化させるためのエネルギーの余剰は十分に残るのです。

日々生活する中で、エネルギーを自分のビジョンへと意識的に向かわせてください。魂の持っているどんな特性もとらえて、それを自分自身のものにしてください。こうした特性はまったく神秘的なものではありませんし、あなたのまわりでも、魂の次元から有意義な人生を創造している人々はいるのです。あなたに与えられている多くの選択肢について例証してみましょう。

魂は活動的

- この特性は「冒険」「探求」「前向きな活動」の人生へと変換することができる
- この特性における最重要テーマは「ゴールに到達すること」

魂は愛情深い

- この特性は「ロマンス」「献身」「崇拝」の人生へと変換することができる
- この特性における最重要テーマは「拡大し続ける至福」

魂は創造的

- この特性は「芸術」「科学的発見」「自己変容」の人生へと変換することができる
- この特性における最重要テーマは「インスピレーション」

魂は自発的

- この特性は「劇的」「直観」「感情的探求」の人生へと変換することができる
- この特性における最重要テーマは「驚き」

魂は遊び好き

- この特性は「娯楽」「スポーツ」「気楽な楽しみ」の人生へと変換することができる
- この特性における最重要テーマは「無邪気さ」

魂は知っている

- この特性は「観察」「勉強」「瞑想」の人生へと変換することができる
- この特性における最重要テーマは「内省」

魂は拡大し続ける

- この特性は「旅」「ブレイクスルー」「個人的成長」の人生へと変換することができる
- この特性における最重要テーマは「進化」

こうした特性を念頭に置けば、あなたは魂のエネルギーを使って望み通りの人生を形作ることができます。望み通りの人生の形成は、決して自動的に行われるものではなく、また他の誰かが代わりにやってくれるようなものでもありません。しかし決定的な選択をするのはあなたであると言いたいわけではありません。**人生におけるさまざまな段階で、意味の異なる特性が前面に出て働きかけてくる**ということなのです。「知っている」という特性は、一般的に学生時代を支配します。「愛情深い」という特性は、男女関係や家族のフェーズで支配的になります。「遊び好き」という特性は、子ども時代を支配するといった具合に、です。

魂に頼ることなく人生を形成することは可能でしょうか？　そのような人生は、無意識的なものか近視眼的なものになるでしょう。もちろん、そういう人生は存在します。仕事そのもの、物質主義と出世、未来のための貯金、現状を守ることに完全に身を捧《ささ》げる人々もいます。こうした生き方を意味のない選択と呼ぶことはできませんが、啓発するという魂の可能性には遠く及びません。ある文化においては、誰もがまっとうすることを期待される、意味のある局面を通過する人生こそが、完全な人生であるとされています。ここで主に思い浮かぶのは古代インドの例ですが、当時は、四つのashramas（人生の局面）がそれぞれ「学問」「家庭生活」「引退」、そして最終的には「遁世《とんせい》」にあてられると考えられていました。それぞれの局面に固有の義務があり、全体的な目標は個人の魂を宇宙の魂と融合させることでした。言い換えれば、これは**あらゆる人が何世紀にもわたって合意してきた精神性を高める旅の青写真**だったのです。

現代社会では、そうした大筋での合意はなくなり、不安で、混沌としていて、意味が欠如しているように感じられる人生を送ることで代価が支払われています。しかし、自分の魂のエネルギーを有意義な方法で利用する際に、社会の合意は必要とはされていません――あなたは誰の同意も必要とはしないのです。人生の軌道は、あなたが何を選ぼうとあなたが選んだものに従うことができます。重要なのは、浪費の誘惑にかられる際の多くのパターン――つまり「無意味な妄想」「無意識の苦しみ」「行き詰まった習慣」「無気力」「果てしない繰り返し」――を通して、**エネルギーを無駄遣いしない**ことです。このようなパターンは、有意義な人生にとっての敵なのです。あなたの「ライト・ボディ」に意義を与えることによって栄養を与えてください。あなたに訴えかけてくる魂の特性に気づき、そして開花したがっている可能性と相互的に関わってください。

ステップ2
エントロピーを進化へと変化させる

あなたの魂は、今この瞬間から弧を描くアーチ状の未来をもたらしてくれます。平らな高原や、滑り落ちる危険のある坂道のような未来ではありません。魂によってもたらされる未来は、常に刷新される必要があります。あなたのビジョンは新鮮に保たれなくてはなりません。そして**エネルギーの新鮮な使い方を見つけられた場合のみ、ビジョンの新鮮さは保たれる**のです。しかし魂からの絶え間ない情報入力がないと、エネルギーは疲弊しがちです。人生とは、年をとるにつれて疲弊していくものだと思われています。しかしこれは、たとえあなたが物質主義的な観点で自分自身を見ているにしても、決して必然ではないのです。本書の前編に当たる『あなたの年齢は「意識」で決まる』でも述べたように、宇宙とは、消散と消耗の方向に向かうエネルギー（エントロピー）と、よりまとまって複雑化の方向に向かうエネルギー（進化）との間のせめぎ合いなのです。同様のせめぎ合いが、あなたの細胞内のミクロな次元でも行われます。あなたが日々行う選択が、さまざまな情勢を変化させるのです。もしあなたが毎日進化するほうを選択すれば、人生全体で進化が起こるというのはまったく理にかなっています。

あなたには「心」というパワフルな味方がいます。心は、エントロピーの影響下にはありません。あなたの中で、**ある思考が消えるとき、それに置き換わる新しい思考もしくは多くの新しい思考のための容量が保たれます**。エントロピーを打ち破る秘訣とは、心の中にさらに高い構造をどんどん築き上げることです。こうした構造が時間を止めてくれて、ますますよいものになっていく未来を形成してくれるのです。この意味を把握するために、完了するのに一日以上かかるような課題、もしくはすでに着手済みのプロジェクト等について考えてみてください。たとえば絵を描くことや本を読むこと、科学的な問題に取り組むといったことです。そういった作業を再開するに当たって、あなたの思考の中では最初から始める必要はありませんね。あなたの心の中には、先に取り組んでいた仕事をそのままに保っておく構造があるので、中断したところから再開することが可能になるのです。

サンスクリット語には、持続させる精神構造を表す特別な言葉があります。それは**devata**と呼ばれています（Devaに由来する言葉で通常「天使」と翻訳されますが、Devaは現実を構築したり形作る者のことです。Devaなしでは、気づきは決して形成されません。Devaは広大な土壌の上の雨水のように流れます）。古代ヴェーダの予言者にとって、devataの役割は、創造性を確実に保持して消滅を許容しないことです。あなたは一度に複数のことをこなすことさえできます。なぜなら、**心はいくつもの構造を即座に築き上げることができる**からです。そしてあなたは意識的な心を（たとえば眠るために）遮断することもできます。その際も、風で埃《ほこり》が散るようにエントロピーがあなたの思考を吹き飛ばしてしまうかもしれないという不安を感じることもありません。朝起きて最初に浮かんできた思考が、前の晩にまさに中断した思考の続きだったという経験をしたことがあるのではないでしょうか。この連続性については、脳の化学物質によって説明がつくことではありません。なぜなら化学反応は、あらゆるニューロンにおいて一秒間に何千というペースで常に変化しているからです。しかし何かが私たちの思考を手つかずのままに保ち、そしてそれを土台にさらに構築することを可能にしているのです。

構築し、それを継続していくためには、心のdevataの側面を利用してください。決して終わることのない創造性があなたのゴールです。実質的な言葉を使えば、これは「退屈」「ルーティン」「繰り返し」との闘いなのです。次のように、あなたの人生のあらゆる次元において創造的な始まりを見つけてください。

家族生活

一人ひとりが他のすべてのメンバーに興味を持ちさえすれば、創造的なものになります。「あなたはいつもそうするんだから」とか「おまえのやることなどわかっている」というような言葉で相手を型にはめてはいけません。**誰に対してもレッテルを貼ることはできませんし、そのレッテルに従って行動することが期待されているわけでもありません。**固定された役割は求められていないのです（たとえば「反逆者」「悪い子」「いい子」「ママのお気に入り」「いじめっ子」「犠牲者」「殉教者」など）。誰もが自由に表現することが奨励まされていまいます。人と違った行動をしても咎《とが》められることはないのです。

人間関係

互いに相手の中に新しい発見をすることができれば創造的なものになります。そのためには、エゴを超越する必要があります。エゴとは本質的に利己的なものです。エゴは、何よりも自分を優先させます。最も平等に近い関係性においてさえ、二つのエゴが関わっているために、相手の存在を軽く見てしまう傾向がありますが、あなたは**自分の境界を超えるだけでなく相手の境界も超えた先を見なくてはならない**のです。相手の中に何か新しいことを見つけようという動機は、自分自身の変化の感覚から生じます。もしあなたが自分の変化を評価されたいと思うなら、相手の変化を見なくてはなりません。こうして、互いの持ちつ持たれつの関係が始まります。いったんこのような関係ができあがれば、どんな人間関係においても最も豊かな側面――共有された進化――となって開花するのです。

仕事

その人の最も深いところにある創造性の中心部を満足させることができるとき、創造的なものになります。新たな挑戦を乗り切るには、自分自身の中に新たな資質を発見しなくてはなりません。ほとんどの人は、キャリアの早い時期にそうした資質を見出すため、どんな職業においても、飽きてしまうとか、同じ仕事の繰り返しになってしまうといった問題が生じるのです。そうした問題を解決するために何らかの手立てをとっている職場はほとんどなく、結局は自分の責任となります。自分が何の挑戦もしていないという兆候が現れていないか気をつけていてください。そうした兆候が現れたときは、**変化を求めてください。もっと責任を負ってください。リスクを恐れないでください。**もし現状が創造的な広がりを許してくれないのなら、それを許容してくれるような他の状況を探してください。いちばんよくないのは、創造性と楽しみは就業時間外や週末のためにあるという言い訳をして、仕事での惰性に甘んじてしまうことです。それはあなたの人生にぽっかりと大きな穴を残すことになるでしょう。そしてそのために全体性を実現することが不可能になってしまうのです。

ビジョンとは、純粋な可能性を含んでいるあなたの人生の一部です。家族生活、人間関係、仕事を築きあげるためにどんなエネルギーを捧げるにせよ、さらに高みへと到達するための巨大な余地が残されています。毎日ビジョンを基盤にして生きてください。どんなビジョンでもかまいません。しかしそのビジョンは、通常の境界線を超えたところに到達すべきです。人道主義的もしくは宗教的なビジョンを持つ人もいます。また、芸術的なビジョンを持つ人もいます（私の場合は、医者になるための訓練を受け、家族を抱え、常に経済的なプレッシャーに悩まされていた若い頃、自分のビジョンは精神性を高めることだとわかりました）。あなたがどれほど大切にしていようと、家族、人間関係、そして仕事は刹那《せつな》的なものです。しかしビジョンは刹那的なものではなく、文化や文明という長きにわたる時間とあなたをつなげるものなのです。あなたは神話や原型、つまり英雄や冒険の世界に参加するようになります。自分のビジョンに意識を集中させ続ければ、永続性を垣間見ることができるかもしれません。それでもこのようなことは、ビジョンなくしては不可能なのです。時が経つにつれ、物質的な生活は遠のいていきます。ビジョンを持つと、旅の終わりに待つものは空虚さではないという保証が与えられます。自分自身をビジョンに捧げることによって、始まりも終わりもない、**進化の宇宙的な力自体の中にあなたが呑み込まれるという奇跡**が起こるのです。

ステップ3　より深い意識にコミットする

月が沈んだ後の、6月の星空を想像してみてください。あなたは広々とした場所を見つけて仰向けに寝転んで、天を見上げます。あなたはその姿勢のままで、自分を見ることができるでしょうか。さて、次のような思考について考えてみてください。「無限はあらゆる方向に広がっている。そして私はその中心にいる」。これは誇張ではありません――どこにいようとも、あなたは四方八方に広がる無限性の中心なのです。これは、時間についてもあてはまります。人生の一瞬一瞬において、あなたの前にも後ろにも永遠が広がっているのです。この二つの考えが自分の中に浸透すると、時空によって制限されていると感じることは難しくなります。それでも、もうひとつ加えるべき階層があります。目を閉じて、自分の内側を見つめてください。そして次のような思考について考えてみてください。「私が経験する静けさは、無限と永遠の源だ」

偉大な宗教的伝統によって説かれている教えのすべては、この思考に帰着しています。イエスと仏陀は「意識こそが今存在しているものと、過去に存在していたものと、これから現れるものを含めたすべての源であると知っている」という点においてつながっています。あなたの源では、実際には、時間はあなたしだいで流れ、その逆はありません。すべての出来事が起きるのも、あなたが決めているのです。なぜなら、意識なしに宇宙は存在できないからです。星も銀河も消えてしまいます。創造は、ブラックホールに呑み込まれます。あなたの意識は現実をあらゆる方向において開花させ、そして**あなたの意識が深まれば深まるほど、創造もさらに豊かなものになる**でしょう。もしもあなたのまわりで無限性と永遠性が拡大し、現実の中心点であるかのように生きることができれば、あなたは魂の次元から生きていることになります。

自分自身をこのようにとらえない人が多いのは不思議なことです。しかし、限定された範囲しか見ることのできない目で確信することは簡単です。限られた量の情報しかとり入れられない心で確信するのも簡単です。そして自分とは宇宙の巨大なスケールに圧倒された、小さくて分離された個人であると教えるエゴによって確信することも簡単です。幸いにも意識が拡大するにつれて、あなたの「目」「心」「エゴ」も変化するよう導かれます。実質的な言葉を使えば、毎日あなたがより深い意識にコミットすれば、毎日あなたは新しいビジョン、新しい信念、そして新しい自己認識を求めていることになるのです。

新しいビジョン

あなたの感覚から入って来る未精製の情報に縛られなくなったときに可能となります。たとえば、目というものは外部からの光を浴びる光学機器であると思われています。光子は網膜にぶつかり、それから一分間に何十億という光子が視覚野に送られて解析されます。しかし多くの伝統的文化においては、このプロセスとは逆方向のとらえ方がなされているのです。つまり視覚は心から始まって外へと向かい、世界を発見することを求めているというのです。言い換えれば、視覚は自ら向かいたいところへ意識を運んでいくのです。多くの点で、その感覚のひな型は私たちの経験にもあてはまっています。もし何か見たくないものがある場合、どれだけ多くの光子があなたの網膜にぶつかろうとも関係ありません。一方で、もしあなたが見たくてたまらない場合、見るものに限界はありません。才能ある芸術家をイメージしてください。彼は都会の人通りの多い道で群衆をかき分けて歩き、通り過ぎる人々の顔や、太陽光のあらゆる変化、そして街の景観のあらゆる角度から、インスピレーションを得ることができるのです。

新しいビジョンとは、創造的なビジョンのことです。そして毎日育てていくことができます。日常的なものごとの中には無限のインスピレーションが潜んでおり、あなたに引き出されることを待っているのです。二つの桃が並んで描かれている非常に有名な中国絵画があります。画家は、一筆でそれぞれの桃を表現しています。一見この絵はひどく簡単に描けそうに見え、とても芸術的とは思えません。ただ筆を墨にひたし、そして腕をひねって桃のように見える円が描かれているだけなのです。しかし、桃が熟し、甘く、美で輝いているように見えるほど完璧にその所作をこなすことがあなたにできるでしょうか。また、その絵を見る人々に、芸術家であるあなたが自然に対して無限の感受性を持っていると感じさせることができるでしょうか。この有名な絵画においては、その両方が実現されているのです。

さて、この種のビジョンを自分自身にあてはめてみてください。あなたは自分の子ども、もしくは配偶者を、**彼らの本質が、強くそして即座にあなたの心に響くように見つめる**ことができるでしょうか。あなたは自分のまなざしを通して愛を送り、それに対して愛が返ってくるのを感じることができるでしょうか。実は、誰もがこうした能力を持っているのです。時空の中心にちょうど立っているのと同様に、あなたは愛の中心にも立っているわけです。何もする必要はありません。新しいビジョンは、自分は誰なのかという気づきから生じます。新たな目を持つということをあらためて確約するとき、新しい目が開かれるのです。

新しい信念

ものごとに対して新たな見方ができるようになると自動的に新しい信念が生じてきます。ある生徒がかつて精神性を高める師のもとにやって来て言いました。

「私は神を信じていません」

師は、

「神の姿を見れば、信じることができるでしょう。あなたは本当にちゃんと見ようとしたことはありますか？」

と返しました。生徒は批判されたと思い、頬を赤らめました。

「私は一生懸命見ようとしました。神に応えてくれるよう祈りました。神が私のことを愛しているという徴候を探しました。でも何も起こりません。神は存在しないも同然です」

師は首をふりました。

「あなたは神が目に見えないと思っている。だから神を見ることができなくても不思議はありません。創造主は自分の創造物の中にいるのです。自然と触れ合いなさい。木々、山々、緑の草原を愛でなさい。表面的に見るのではなく、完全な愛と感謝の気持ちを持って見るのです。ある時点で、神はあなたが神の創造物を愛していることに気づくでしょう。自分の絵を賞賛してくれる人に対する芸術家のように、神はあなたに会いたいと思うでしょう。そんなとき、神はあなたのところへ来てくれるでしょう。そして一度神を見れば、あなたは神を信じるでしょう」

この話は、たとえ話としてとらえることもできますし、文字通りの真実としてとらえることもできます。たとえ話としては、愛と感謝の気持ちで見ることによって、あなた自身の本質をも含んでいる自然の微細な次元がもたらされ、そしてあなたの知覚が鋭敏になるにつれ、人生の聖なる次元が姿を現すということを表しています。その時点で、あなたは個人的に経験したことを信じさえすればよいのです。しかし、その話を文字通り受け止めることもまた価値あることです。愛する人であれ、薔薇であれ、芸術作品であれ、**あなたが愛するものをじっと見つめてください。そうすれば、あなたはそこに神を見るでしょう。**これは避けられない必然です。なぜならあなた自身の外側には何も存在しないからです。そして、表面ではなく、内面を見つめるようになると、自分の意識が見えるようになるでしょう。そして、自分を信じさえすればよいのだということがわかった今、あなたの信念体系はそれに応じて変化するでしょう。

新しい自己認識

自分の中の信念が安全に守られると新しい自己認識が現れ始めます。私たちは皆セルフイメージにしがみついています。その**セルフイメージは、幻想と投影と他者の反映が合わさったもの**です。リンゴの実が落ちる範囲がリンゴの木の周辺に限定されるように、同じことが自己認識にもあてはまります。私たちは生まれ育った家庭に始まり、家族という他者に依存して自分を定義してきました。いい子なのか悪い子なのか。愛されているのか愛されていないのか。賢いのかバカなのか。リーダーなのか追随者なのか。こうした多くの問いに対する答えを出すために、あなたは外的な情報を蓄積します。こうして蓄積されたものが、あなた自身の幻想や願望と混ざり合います。最後の構成要素は、あなたが他者に対して行う投影です。つまり、あなたは**自分自身を評価するために彼らを利用する**わけです。こうした自己認識全体は脆弱な構造物なのですが、あなたはそれに依存してしまっています。なぜなら、そうしなければいけないと信じているからです。そうしなくては、あなたは自分が本当は誰なのかわからないと信じ込んでいたからです。

あなたが気づきを経験し、内側へと向かい、自分自身に出会うに従って、その脆弱な構造物を一度に一本ずつのようなスピードで新しい自己認識に置き換えることが可能です。あなたが出会う自分自身とは、もはや脆弱な構造物ではなく、**「オープンさ」「静寂」「穏やかさ」「安定感」「好奇心」「愛」であり、成長と拡大への衝動**なのです。この新しい自己認識は、わざわざ構築する必要はありません。それは初めから存在していましたし、これからも常に存在し続けるでしょう。新しいあなたに出会えば、古い自己認識の寄せ集めをどんどん捨て去ることができるようになります。しかしそのプロセスにおいては忍耐が必要です。毎日自分自身と出会う必要があるからです。けれどそれは嬉しいプロセスでもあります。というのも、あなたは心の奥底で、その脆弱な構造物を完全に受け入れることなど決してなかったからです。ひとつひとつ、ときに偶然、しばしばあなたの意志に反して、古い自己認識がいかにつなぎ合わさったかという記憶はあまりにもたくさんあり過ぎます。他人の目に映るものでしかない自己になりたいと望む人などいないのです。私たちは真の姿になることを求め、そしてその切望を心に留められれば、それだけで十分です。あなたが探し求めている人とは、あなた自身であり、同様にあなたを探し求めているのです。

ステップ4　スピリットとして寛大になる

全体性が実現すれば、寛大になることができます。全体性には欠乏を感じるということとがありません。あなたがどれだけ与えようとも、さらに多くのものがあなたのもとにやって来るでしょう。これは「与えられるより与えるほうが幸いである」という格言が持つ本当の意味なのだと私は思います。**あなたが与えるとき、人生の流れは決して枯渇しない**という高い精神性の真実を示すことになるのです。しかし、表面的には与えていながら心の奥では欠乏感に苦しんでいるようなときに、トラブルに遭遇するものなのです。寛大さは魂の次元で生まれます。魂においては、人生に不可欠な二つのもの――つまり**エネルギーと意識は決して枯渇することがありません**。その二つのものは決して失われないという安心感があるとき、あなたは寛大になれるのです。それは、お金に勝るすばらしい贈り物です。エネルギーと意識は、互いに排除し合ったりしません。寛大な心になれば、いかなる次元においても与えるということが自然かつ容易になります。

実際に、寛大な心でいると次のようなことが可能になります。

- まず自分自身を差し出す
- 真実を隠したりしない

- 調和と一貫性のための力となる
- 豊かさの流れを信頼する

これらの点はすべて、自分のまわりに真の変化を創造しつつ、個人的に探究できるライフスタイルを持つという全体的な目標にかなっています。

まず自分自身を差し出す

この自分自身とは、真のあなたを意味します。つい偽りの自分を差し出したくなってしまうものですし、結局そうしてしまう人がほとんどです。そういった人々というのは、社会（配偶者、使用人、権威ある人、追随者、依存してくる人、犠牲者）からの期待に沿った役割を演じます。**見返りを求めるエゴの要求に従うため、すべての贈り物は、見返りの期待に沿って与えられる**ようになるのです。そうした場合、地位や収入が人を決定づける特徴としてとらえられます。こうした要素は外的なものであるため、偽りの自己が形成されるわけです。寛大さが意味するところである、内側から外側への流れはありません。時間とお金を与える後援者として名乗り出ることと、本当の自分を差し出すために名乗り出ることとの間には大きな違いがあります。真の自分とは、オープンで傷つきやすいのです。真の自分は、相手を人間としておかれている状態に共感し、どの魂も区別したりはしないのです。

真の自分を差し出すことは恐ろしいように感じるかもしれません。しかし非常によくあることですが、恐怖とは間違った助言をするのです。あなたが本当の自分を差し出すとき、他者の逼迫《ひっぱく》した要求の餌食《えじき》になったり、もしくは抜きん出ようという他者の犠牲になったりするわけではありません。むしろ、あなたはさらに強くなるのです。外的な存在である偽りのあなたは、壊れやすい鎧《よろい》のようなものです。この場合は、不安感から作られた鎧です。偽りの自分を捨てれば、長年の幻想の鎧を脱ぐことができます。現実にあなたの体は、生き延びるために止まることのないエネルギーと意識の流れを利用してきました。あなたは閉じられているふりをしていた一方で、あなたの体は宇宙に対してずっと開かれていたのです。効果があるとすでに証明されている戦略をとらない手はありません。あなたのスピリットを、この世の中の弱者、絶望している人、ひどい扱いを受けている人、そして子どもたちと同調させてください。そうした人々に対して自分を開くことにより、あなたは、ひとつの魂としての自分自身ではなく、スピリットとしての全体性を差し出しているのです。

真実を隠したりしない

エネルギーと意識が流れているとき、真実もともに流れています。どんな偽りも、源においてスピリットを阻害するような働きをするものです。あなたが求められているのは、唯一で絶対的な「真実」を守ることではありません。なぜならここで問われるのは絶対性ではないからです。人生が展開する中で、**あなたにできるのは自分の真実を表現することだけ**です。そして進化するにつれ、あなたの真実も変化していきます。善悪に関する真実についてじっくり考えてください。あまり進化していない人にとっては、悪は力強く、恐ろしく、善に反するものであると感じられます。さらに成長すると、これらは変化していきます。善と悪の間には曖昧な部分が存在するようになり、悪への恐怖や、悪のパワーを信じることへの恐怖は減っていきます。非常に進化した人の場合、善悪というものは、魂から分離していることに比べれば、取るに足らないこととなります。そして全体性の中で善悪の対立は解決することができると信じられるようになります。それぞれの立場に、それぞれが感じている真実があるからです。

重要なのは、決して自分の真実を隠さないことです。隠された真実は凍結し、滞ります。そして自分の真実を語るたびに、あなたはさらに進化を先に進めることになります。それ以上に、真実に対するあなたの信頼が広まるのです。真実でないことは、嘘よりも沈黙によって助長されるものです。ここで言っているのは大きなスケールではなく、非常に個人的なレベルでの話です。身体的もしくは感情的虐待のある家庭、酒を過剰に飲んだり、ドラッグを摂取する人がいる家庭、明らかに鬱の兆候があるのに治療していない人がいる家庭では、家族メンバーは一般的に口を閉ざします。彼らは、自分たちの無力感を受動的に黙認しているのです。状況はそのうち改善されるだろう、もしくは少なくとも小康状態を保つだろうという、はかない望みを持っているのです。けれども実際は、沈黙することで問題はさらに悪化します。なぜなら沈黙とは「無関心」「絶望」「無言の敵意」「選択肢の欠如」を示唆するものだからです。真実を語ることによって、選択肢は広がります。真実を語ることは、思いやりを示すことになり、絶望をはねつけるのです。

調和と一貫性のための力となる

定義上、全体性とは調和のとれた状態であり、分裂とは対立状態を表します。もし私たちが内側で分裂していなかったら「誘惑」「怒り」「恐怖」「自信喪失」に対抗して戦ったりしないでしょう。魂は調和的な影響力であり、その特性を輝かせるためにスピリットの寛大さを示します。ある友人が、最近すばらしい話をしてくれました。彼は、ある大都市を訪れ、大通りを歩いていました。そして衝動的に、すばらしいディスプレイが窓際に施された一軒のすてきなパン屋に入ったのです。店に足を踏み入れた瞬間、厄介なことが起きているのが見てとれました。店の主人が、カウンターで働く女性を怒鳴りつけていたのです。女性は泣いていました。そして二人とも我を失っていたため、客が入ってきたことに気づきませんでした。友人は、突然直観を得たそうです。**「私はこの場に調和をもたらすことができる」**と。

彼はその二人に背を向けました。二人は客の存在に気づくと、言い争うのをやめました。そのこと自体は、何の変哲もない出来事です。しかし彼はそのまま店の中をぶらぶらしながら、静かに精神統一を図りました――彼は長年にわたる瞑想の実践者だったのです。やがて店内の雰囲気がやわらぐのを感じとることができました。そして、信じられないことに、店長とカウンターの女性は微笑みを交わしたのです。友人が店を出る頃には、二人は抱擁し合い、互いに悪かったと言い合っていました。あなたもこのように、ただ存在することによって、ある状況に調和をもたらすことができるでしょうか。最初の一歩は、それが可能であると信じることです。次の一歩は、どちらか一方の肩を持ちはしないけれども、平和な影響力として、できれば無言で、もし必要とあれば声を出して、ただ行動するという意志を持つことです。基本的に、争いとは、善悪の問題ではありません。それは、一貫性のなさ、つまり**混沌としたエネルギーと分裂した意識から生じた、混沌とした感情と思考**なのです。善悪は、混乱の反映として顕れます。自分は正しいと叫ぶことによって、自分が傷つき、混乱し、引き裂かれる思いであることを認める必要はないのです。混乱を助長するのではなく、平和をもたらすことがあなたにはできます。そのほうが道徳的に聞こえ、善いことだからという理由ではなく、**平和の影響力なくしては生産的な変化は起こりえない**からです。

豊かさの流れを信頼する

全体性は、あらゆるものを含んでいますので、無限の資源をもたらしてくれます。このことを、あなたの個人的な人生においては不確かな真実であると思うかもしれません。無限のお金、地位、権力、そして愛が与えられている人などいないからです。それほど欠乏していないところでさえ、欠乏に対する恐怖はやはり存在します。豊かさは、見直される必要があるのです。豊かさをスピリットの無限の資源としてとらえると、あなたの関心は物質的なものから遠ざかり、あなたの魂が与えなくてはならないものは常に十分にあると信頼するようになります。宗教的な信仰心に頼る人も多く、彼らは自分たちの手に負えないような課題を神がもたらすことはないと信じています。しかし、それはあまりに単純すぎるように思えます、なぜなら、まわりを見渡してみれば、多くの人が自ら抱える重荷に無言でうちひしがれており、さらに多くの人が衰弱し、打ちのめされているからです。そういう人たちの反対陣営がスピリチュアルな物質主義者たちで、それは**神の恵みを銀行預金の多さで測り、神は自分で自分を助けられる者を助ける**

と声高らかに叫ぶような人々です（実際のところ、そのような人々は、神は自ら助ける者だけを助けると言っていないでしょうか？　それは、信頼の完全なる放棄です。なぜなら、神を富裕層のための応援者におとしめてしまっているからです）。

この際、信仰心は分けて考えたほうがいいと思います。豊かさとは、物質主義的なものでもなく、宗教的なものでもありません。豊かさとは、全体性それ自体には穴ひとつ空いておらず、決して空隙《くうげき》を残さないものだと知り、流れを信頼するということです。あなたは魂が与えてくれるもののおかげで寛大になることができ、そうすれば、より多くのものが流れ込んできます。「共感」「愛」「知性」「真実」「創造性」に寛大になってください。あなたがこうした特性を表現すればするほど、さらに多くのものがあらゆる次元において与えられるでしょう。同時に、自分の魂を銀行のＡＴＭのようにとらえないでください。流れはＡからＢへ直線を描くものではありません。そしてあなたが寛大であれば、あなたの利益になるような結果になるという保証もありません。けれど、もっと大局的な見方をすれば、魂があなたを通して流れ、あなたを変容させるのと同時に、あなたは毎日進化していくのです。

ステップ5 消費の代わりに人間関係に焦点を当てる

それ自体が全体性となっている人間関係があってこそ、全体性は実現します。孤立したままでは全体性は成り立ちません。人間関係は、精神性の高さの状態を映し出す試金石なのです。さもなければ、あなたは勘違いをしてしまうかもしれません。つまりエゴは、自らを増強させるために魂を利用しかねないのです。ヨガの伝承におけるある有名な寓話が意味するところは、まさにこの点です。

精神性に通じる一人の隠遁者《いんとん》が、ヒマラヤの高い山中にある洞窟の中で座って修行していました。彼は日夜悟りを追求していたのです。何年にもわたる厳しい修行の後、光が射しこみ、隠遁者はついにゴールに到達したことがわかりました。彼は大喜びで、村人たちにこのよい知らせを伝えようと山を下りました。町はずれに到着すると、酒臭い乞食がぶつかってきました。「気をつけろ、バカ者が」と隠遁者はつぶやきます。突然、彼は立ち止まり、無言で洞窟に戻っていきました。

あなたが全体性になるにつれて、人間関係も全体性になります。しかし、それが並行して自動的に起きるわけではありません。あなたは**相手の中に計り知れない可能性を見るよう注意を払わなければなりません**。数年前にキューバを訪れた際に、非常に感銘を受けた出来事について話しましょう。私を招いてくれた人たちに島を案内された折、路上では流しの歌手や踊り手を見かけました。私が子どもの頃のインドではよく見ましたが、今ではすっかり目にしなくなってしまった風景でした。カフェでは、客に微笑みかけ気を引いているウェイトレスたちがいました。至るところに幸せそうな雰囲気が漂っていました。もしくはそう見えたのです。ある日、私は、目にした光景について、ドライバーに説明を求めました。

「私たちは**お金がないので何も買えません**」

彼は言いました。

「だから**人と関わることを大事にする**のです」

大量消費がいかに深刻に人間関係をむしばんでいるかについて、私はそれまで考えたことがありませんでした。消費するということは、常に物質的なモノに焦点を当てることになるわけですが、またそうした物質的なモノがもたらす気晴らし……洪水のように押し寄せるビデオゲーム、テレビ、音楽、ハイテク機器などにも焦点をあてることになるのです。

誰かを消費者として定義づけることは、その人の名誉を傷つけることになります。消費者という言葉から、私は飽くことを知らずに開けられた口のイメージが思い浮かびます（そしていったん消化し終わると、廃棄物の除去が不可欠であるプロセスも思い浮かびます）。しかし私にはこれを道徳的な問題にするつもりはありません。魂があなたを見つめるとき、あなたはすべてのものとつながります。つながるということは、関係するということです。世界中のすべての出来事の裏には、張り巡らされたクモの巣のように、揺れ動く糸が根底にあります。私たちは「愛」「共感」「協力」「共同体」「成長」という、一連の撚《よ》り糸に沿ってコミュニケーションをとっています。こうした糸の力が弱まると、すべてのものが弱まってしまうのです（本書の前編にあたる『あなたの年齢は「意識」で決まる』57ページで触れたように、ビデオゲームに何時間も費やす子どもたちは、社会的スキルという代償を払って特別な運動技能を獲得し、脳に変化を起こします――彼らは一分間に50のエイリアンを攻撃することはできますが、本当の人間と関わることができないのです）。大量消費は成長の経路を遮断することによって、隠れた損害を与えます。その代わりとして、デジタル文化は人と人をつなげ、たいていは互いに利益をもたらし合うようなネットワークの仕組みを生み出しました。コンピュータ上でのつながりが増えるほど、グローバルなコミュニティとの結びつきも増えていきます。しかしそうしたつながりの中に、感情的な結びつきや安心感はありません。ショートメッセージの送受信は数語でコミュニケーションがとれますが、そうした数語は人間の関わりの最も表層的な部分からくるものなのです。

自分の生活を見てみれば、大量消費がどれほど人間関係を侵害しているか、容易に推し量ることができるでしょう。いたってシンプルな、次の質問を見てください。

- 私の家族は互いに関わる時間を作っているだろうか
- 私たちは皆どれほど一体感を感じているだろうか
- 子どもたちは、私を巧みに操ってほしいものを手に入れているだろうか
- 私は新しいものを買い与えることによって子どもたちをなだめているだろうか
- 家族はすぐにパソコン・iPod・テレビ・ゲームなど一人の世界に入ろうとするだろうか
- 家族間で大事なことについて話し合いができるだろうか

- 私たち家族は問題に対処するために気晴らしを求めることがどれぐらいあるだろうか
- 私は銀行残高と蓄積した所有物で自分の価値を測っているだろうか
- 買い物でストレスを発散しているだろうか

これらの質問に、不安を感じることなく、正直に答えられる人はほとんどいないでしょう。もちろん、気晴らしは安易な逃げ道を提供してくれますし、人間関係は、できれば避けたいようなデリケートな問題を提起してくるものです。しかし**関わることが、相手と人生を共有するための唯一の方法**なのです。「信頼し合える」人間関係、「長期的な」人間関係、もしくは「幸福な」人間関係といった修飾語を付け加える必要はありません。わざわざ他人と関わらなくても、感情もしくは心の状態として幸福感を生じさせることはできます。そして、たとえ絶好のタイミングだったとしても相手に自分を幸せにしてくれるよう頼むことは公平ではありませんし、現実的でもありません。どんな人間関係においても深い問題となるのは、関わっている意識の次元なのです。

表面的には、もっとよい気分になるために、ほしいものを手に入れるために、よいものを共有するために、あなたは他人と関わっています。

もしあなたが人間関係をもっと深い次元にまで推し進めることができるなら、その関係性は共通の目標を持ち、相手に支えられていると感じ、「私」から「私たち」へと拡張するために存在するようになります。

さらに深いところまで行くことができれば、人間関係はエゴの境界線を消し始めます。その結果、二人の人間の間で真のコミュニケーションが生まれます。それは、互いが相手の中にまで入って生きることです。

最終的には、魂の次元において「他者」は存在しなくなります。エゴがスピリットに降伏すると、個人は自己主張をしなくなります。この次元において、あなたは全体性に参加していることになります。そしてあなたのすべての人間関係は全体性の拡張となるのです。

人間関係はたいへんなものだと専門家がしばしば指摘し、そういった考えが広く一般にも受け入れられているように思えます。確かに、エゴの次元においてそれは真実です。なぜなら二つのエゴが接触すると争いが生じるからです。しかしエゴの次元では、そもそもよい関係が築けるはずがないのです。なぜなら、エゴは魂とは正反対の方向に向かっているからです。「倦怠」「苛立ち」「敵意」「強情な意見」「意見の相違」といった人間関係の諸問題を克服するために懸命になっているときは必ずといっていいほど、エゴの課題にはまりこんでしまっているのです。どれだけ一生懸命になっても**通じ合うことはなく、ただ交渉しているだけ**ということになるでしょう。そこから抜け出す秘訣は、人間関係は意識の中にしか存在しないと認識することです。意識の源は自分であるため、**自分の内側でどんな人間関係でも変化させることができる**のです。相手に変化するよう頼んだり、要求したり、交渉する必要はありません。このことがカウンセリングやセラピーの本質に反するということは認識していますが、人間関係の問題についてセラピストに相談しに来る人々は、実際にはストレスを受けたエゴを持ってきているだけなのだと覚えておいてください。カウンセリングが始まって最初の一時間が経過する前に意識は負けてしまっているのです。

いったん意識を深めることに専念すれば、人間関係はよりよくならざるをえません。なぜなら私たち全員をつなぐ、目に見えぬ鎖に沿って新しいエネルギーを送りこんでいることになるからです。唯一注意すべき点は、意識を私的所有物にしてはいけないということですが、それは分離を感じてしまうもうひとつの理由でもあります。あなた自身の内的成長を、相手に存分に利用させてあげてください。これはあなたの愛のどんな衝動も、彼らのためのものであるということを意味します。どんな突然のひらめきも、共有されるために存在します。あなたは拡張するにつれて、ただ**存在することから行動する存在へと変容**していかなくてはなりません。しかし表面上で何が起ころうとも、あなたが関わるすべての人があなたのエネルギーを感じるので安心していてください。絆《きずな》は嘘をつきません。絆をねつ造することもできません。だからなおさら、絆が生まれる真の次元を見つけなくてはならないのです。その次元においてのみ、人間関係はもはや任務ではなくなり、努力しなくても築けるものになります。いったん絆ができてしまえば、相手を信頼しない理由はなくなります。なぜなら、あなたがた二人は同じ全体性を共有することによって、ひとつになるからです。「孤独」「分離」「エゴ」の不安感は、その本来の姿（二人が互いを探し出す以前の、つながっていなかった魂の副産物）として白日のもとにさらされます。

ステップ6 自分の体に意識的に関わる

私たちは皆、自分の体の精神的な価値を無視するように仕向けられてきました。何世紀にもわたる洗脳により、体には「心」などなく、当然「魂」もない、という幻想を持つようになってしまったのです。しかし『あなたの年齢は「意識」で決まる』で何度も繰り返し述べたように、あなたの体は、これまでずっと魂との約束を守ってきました。あなた自身がそうでなかったときも、です。あなたの体は生命の流れに対してオープンで、宇宙が無限に与えてくれるエネルギーと知性を通してあらゆる細胞を維持していきます。皮肉なことですが、感謝は神に対してではなく、どんな**「より高次の」パワーよりも確実に私たちを支えてくれた体に対して捧げるべき**なのです。毎日、体は常にあなたに対して注意を払って向き合い、意識的に面倒を見てくれています。今度はあなたが自分の体に意識的に関わることによって、この忠実な働きに感謝の気持ちを示してください。

もっと正確に言えば、あなたは円を完成させることになるのです。意識は体から心に、そしてまた体へと自由に流れたがっています。しかし、非常によくあることなのですが、体は、心が焼き付いてしまうようなメッセージを送ってきたりします。メッセージの中には、私たちを怖がらせたり、セルフイメージを傷つけたりするものもあります。そういう場合は、体の声を聞く時間がないか、もしくは先延ばしにしているときです。なぜなら、注意を払うべき、もっと重要なことがあるからです。次のような、日常的な状況について考えてみてください。

- ズキズキする痛みを感じる
- 老化の兆候に気づく
- 身体的に「調子がよくない」と感じる
- エネルギーが低下していることに気づく
- 肌の状態がよくない
- 自分の体と内側の真の自分が一致しない

こうした経験に関わる方法は二つあります。ひとつは、身体的感覚から自らを切り離し、自分を身体的感覚とは分離したものと見なすことです。もうひとつは、身体的感覚をあなた自身のある部分から他の部分への意識的なメッセージとして考えることです。ひとつめの方法は、最も簡単で一般的です。そこには、私たちの体が訴えなくてはならないことを無視することによって生じる偽りの安心感があります。あなたは体が訴えていることを真剣に受け止めるかどうか、選択する必要があります。どんなときに、またどんな箇所に注意を払うべきかを選ぶのです。しかし本質的に、あなたは体を拒絶しています。本当の安心とは、自己に関わるときと同じぐらい意識的に体とも関わるときに得られるのです。そうすると、痛みと不快感の意味が変わってきます。痛みと不快感はもはや、逃れたい危険信号ではありません。それは答えを求めるメッセージなのです(たとえば、もしレストランで、泣いている赤ん坊の隣に座っていたとしたら、あなたは本能的にイライラするでしょう。そして赤ん坊がずっと泣き続ければ、おそらく他のテーブルに移りたいと思うでしょう。しかし、もし泣いているのが自分の子どもだとしたら、あなたは本能的に動揺し、状況を改善しようとすることでしょう)。

自分の体にきちんと向き合うには、どんな親密な人間関係にも通じるのと同様の基本姿勢が求められます。そうした姿勢を日々大事にすることで、自分の体との関係が健全なものに保たれます。

- 信頼
- 思いやり
- 正直さ
- 相互協力
- 愛情のこもった感謝

これらは皆、意識の側面です。私たちは、ビタミンをとるべきか、どれぐらいのカロリーを摂取するか、どれぐらい運動するか、といった身体面での選択にあまりに焦点を当てすぎています。そういったことは、意識が関わっていないと無益なものになりがちです。あなたが体を恐れているとしたら、体はそれを知っています。あなたの体は、言うことをきかない子どものように、コントロールされることに対して反抗します。無視されれば、鈍く、不活発になります。体と意識的に関わることの目的のすべては、本当に必要とされている基盤のようなものを提供することなのです。そうして初めて、どんな身体的限界も前向きにとらえることができるのです。そうすれば最善の結果がもたらされるでしょう。

信頼

真の信頼とは、絶対的なものです。気分の変化に左右されることはありませんし、試されたり、証明してもらう必要もありません。しかしほとんどの人は、限定された範囲で自分の体を信頼しているに過ぎません。そうした人々は、老化によって痛みや衰えがもたらされるのがいつになるかを予測します。もしあなたが、身体的な具合の悪さに常に注意を払っているなら、信頼の正反対である不信から身体と関わっていることになってしまいます。ですから、状況を再構築してください。毎秒、何十億という細胞の中で完璧にとり行われている何百万というプロセスについて考えてみてください。安定し、信頼に足る、完璧に調整されたその機能と比較すれば、体が示す少しの不調など、ほんの些細なことなのです。自分の体に不信感を抱くよりも、信頼するほうがはるかにずっと現実的なのです。結局、あなたは、時に不合理な反応をしたり、絶望や不安な気分の影響を受けやすかったりするにもかかわらず、自分の「心」を信頼してしまっていま す。「体」は、なんの褒賞も求めることなく忠実に働いてくれますし、**変化しやすい心と比べて、はるかに安定**しているのです。

思いやり

あなたの体が思いやりを要求することはありませんが、もし少しでもあなたが体に対して思いやりを示してあげれば、十分に報いてくれるでしょう。ストレスの多い状況から逃れることは体に対して思いやりのある行為です。ストレスは、体の対処メカニズムに大きなプレッシャーをかけます。そのストレスには、騒音、忙しすぎる仕事環境、過度な身体的要求、そして情緒不安なども含まれます。たとえば、あなたはランニングを娯楽としてとらえているかもしれませんが、心の欲求に体を従わせる前に、身体的見地から考慮すべきです。また、基本的な思いやりのもうひとつの例としてあげられるのが、休息と規則正しい生活リズムです。疲れすぎてもう続けられない状態になるまで待つのではなく、一日に数回、体に休息を与えてください――数分間静かに座り、目を閉じるだけでも十分なのです。食事や運動面でのありきたりな日々のルーティンも思いやりです。もしあなたが不規則な生活に慣れていたら、新しい習慣を取り入れるのは退屈なことに思えるかもしれません。しかしたった一週間でも続ければ、体からのポジティブな反応が得られるでしょう。体はもっとリラックスし、同時に反応が早くなり、エネルギッシュになるでしょう。二〜三時間に一度、デスクから立ち上がって伸びをするといった最低限の運動でさえも、**個人的な関心を体に注入する**ことになります。あなたが体に対して関心を持つということが、あなたの体にとって必要な栄養素であるということを心に留めておいてください。

正直さ

個人的な人間関係において、見せかけの態度で接し続けることは負担になります。そして、私たちの体に関わる際も同じことが言えるのです。どちらの場合も、その不誠実さはたいてい、セルフイメージの問題に帰着します。あなたは自分の体を見て、他人の目に美しく映ってほしいというエゴの願望を叶えたいと思います。人は、体のためではなく、美・虚栄・強さ・安全というエゴの理想を満たすため、そして他の誰かの期待に添うためにスポーツジムで何千時間も費やしたりします。体のイメージは多くの人にとって非常に大きな問題なのです。そして古典的にも女性が最もストレスを受けるテーマです。しかし自分の体を、世界でいちばん大好きな人になぞらえることによって、問題全体を再構築することができるのです。あなたは鏡に映るその人の姿が本当に気になっているのでしょうか。あなたはその人がスーパーモデルのイメージとは違うからといって、理想体重ではないからといって、また完璧な腕の筋肉や大きな胸がないからといって、過小評価するでしょうか。あなたの目には、その人が年をとっていくとその人の価値が徐々になくなっていくように映るでしょうか。

大好きな人に対してそのような考え方をしない理由は、あなたが関わっているのはひとりの人間であって、理想的なイメージに合致すべき物体ではないからです。さて、あなたの体が、あなたと親密なひとりの人間であると考えてみてください。あなたはこの人を「私」と呼ぶ必要さえありません。呼び名がなんであれ、**あなたの体は最も信頼の**

おける友人としてあなたと関わっており、そのように考えられるようになれば、エゴのイメージは無意味となります。つまり、体を人格化できるようになってください。そうすれば、体を物としてみなす誘惑にかられることもなくなるでしょう。

相互協力

あなたが体に協力しなければ、体もあなたのためには働いてくれないでしょう。たとえば、ある中年男性の会社の重役が、膝《ひざ》まで積もった雪を道路からシャベルでどかそうと決めたとします。男性の体は、それを妨害しようと躍起になったりはしません。けれど、もし彼が何年間も心臓の問題を放っておいたのだとしたら、突然激しい発作に襲われる危険性、おそらく致命的な危険が存在するわけです。体との信頼性を築くための鍵は、相互的な協力関係にあります。それは、自分が与えただけのものを求めるということに過ぎません。他の親密な関係と比べてみれば、あなたの体は、体が与えたいと願っているものの一部を見返りとして求めるだけです。これは、体を物としてではなく、人間として扱うための助けとなるもうひとつの領域です。あなたの体を、安月給だけで喜んで働くけれども、生きのびるための基盤を切に求める労働者としてとらえてみてください。**体が求める給料は、体に対して個人的な注意を向けることで支払われます。**もしあなたが体と協力したいと心から思うなら、ほんの少しの関心を払うことで、正しい食事・運動・休息をとらせることが可能になります――あなたがそうしたものを提供するのは、熱心な労働者に幸せに働いてもらいたいからなのです。

――愛情のこもった感謝

体は、生涯にわたってあなたの利益にかなうよう働き、またその利益を守ってくれるでしょう。この働きのために体に感謝をするのは当然のことですが、もし可能であれば真の愛情を込めて感謝してください。けれども、それができない人がほとんどなのです。それどころか、彼らは自分の体を、古くなるにつれてさらなる修理を必要とし、ますますトラブルを引き起こす旧型車のように見なしています。こうして深刻な断絶が生じるわけです。彼らが人生に求めているような、より心地よくて、より充実している未来は、だんだん不快に、期待はずれのものになっていく体と合致しないのです。しかし、この不一致は体のせいではありません。それは、心で生まれた信念と仮定の産物なのです。私たちは皆年老いていく、愛している人と関わり、そしてもし幸運なら年をとるにつれてますますよい関係となっていきます。この場合、親密さは優しさを生み、そして感謝の気持ちがさらに自然に流れるでしょう。

同じことが、体についても言えます。時間が経つにつれて親密な仲間のようになり、ますます体に対する情は深まります。あなたと体は、他の誰も知りえないようなことを互いに知っており、共有された人生に馴染んでいます。もしこれが結婚のように聞こえるとしたら、まさにその通りなのです。人生における最も高次の目的は、心と魂の結婚です。そして体はその二つをつなげるものなので、年月を経ていくにつれ、さらに完璧な結びつきの一部となるにふさわしいのです。これは、肉体的な老化の進行を相殺しようとする幻想ではありません。自分の意識にアプローチする現実的な方法なのです。もしもあなたの目標が、もっと意識的に、もっと賢く、未来においてもっと充足することであるなら、体を対等なパートナーとしてその未来に参加させてあげてください。体と心と魂が合致するとき、互いに疎遠なときとはまったく違った結果が生まれることでしょう。

ステップ7
毎日を新しい世界として愛おしむ

人生を偉大な勝利に導くためには、その道のりで、多くの小さな闘いに勝たなくてはなりません。こうした闘いは、日常生活の変化の乏しい風景の中で行われます。私たちは毎日、概して同じような人々と会い、彼らにも同じことを期待します。私たちは、習慣となったルーティンに従って動きます。いつでも倦怠、無関心そして惰性へと陥る可能性があります。しかし、この明らかな単調さのもとで、人生は常に刷新されているのです。細胞は決して退屈することはありませんし、よそ見もしませんし、不活発にもならず、孤立もしません。生きるということに完全に没頭しているのです。そのとき、心と体の間にはギャップがあるように見えます。心が体の計画を設定するため、もしあなたがルーティン、惰性、倦怠との小さな闘いに負ければ、このギャップは広がってしまうのです。活発に刷新されていた状態もなりを潜め、前へと進んでいた動きも徐々に止まってしまうでしょう。しかし、もしあなたがこのギャップを埋めることができるなら、反対のことが起きるでしょう。毎日が刷新されているように見えることでしょう。

心と体の間のあらゆるギャップには二つの側面があります。その手本となるのがシナプス、つまり脳細胞の枝状の突起を分けている顕微鏡レベルの隙間です。どんな脳活動が行われる場合にも、神経伝達物質はシナプスからシナプスへと飛び越えなくてはなりません。片側は送り手、もう片側は受け手です。送り手も受け手も、完璧に仕事を行うための準備をしなくてはなりません。シナプスがその働きをやめると、脳の調子は悪くなり、それは調子が悪い自分自身をあなたが経験していることを意味します。あなたの自己認識全体は、その隙間で起こることに依拠しているのです。たとえば研究者たちの発見によると、鬱は、どれほどのセロトニン（脳の特殊なメッセンジャー分子）がシナプスを越えて送られ、次の放出に備えて場所を空けるために再度取り込まれるかということに関連しているといいます。正常な脳内においては、適正な量のセロトニンが隙間を横断し、そして、送り手と受け手に次のメッセージの準備をさせるために、ちょうどよい量が回収されるのです。鬱病の人の脳内では、セロトニンの再取り込みが過剰になり、また供給量も減るために、次のメッセージをきちんと送るための十分な蓄えができないのです。詰まってしまう受容体もあれば、からっぽの受容体も出てきます。バランスがとれていないと、安定していて安全な満足感の中にはいられません。

非常に簡略化された図式ではありますが、このことは、いかにして新しい一日を迎えるか、についてよく物語っているともいえます。魂はエネルギーと意識を送り、それをあなたが受け取ることになっています。もしも、脳があまりに多くの古びた経験で占められているとしたら、送られてくる新しいエネルギーと意識のうちごくわずかしか受け取ることができません。これは具体的にどんな感じがするのかは誰もが知っていることです。たとえば、恋愛が破綻《はたん》したばかりだと、新しい恋愛について考えることはできません。脳細胞の受容体で始まって、あなたの自己認識、あなたが愛に期待するもの、他人をどう見るか、失望にどう立ち向かうか、といったことにまで拡大し、どんな次元においても、すぐに受け入れられるわけではないのです。隙間を横断する分子という観点だけで考えるのは、あまりにも大ざっぱすぎます。あなたという自己全体が隙間を行ったり来たりしていて、あなたの人生が依拠している受容体は、心と体の全領域にわたる経験の重要な受け手なのです。

あなたが今朝目覚めたとき、今日は完全に新鮮なものであったはずです。毎日が新しい世界です。あなたの脳は、無限にある新しいデータを受け取るよう作られています。

脳が、受け取るメカニズムを滞らせるような古い経験に固執するよう強制するものは何もありません。今日が完全に新しいもののように感じられないのは、それには新しい自己が必要だからです。これまで通りの自己のままで昨日と今日をつなぎたいと思っている限り、新しくなることは阻害されてしまいます。それはあたかも、すでに満杯になっている脳の受容体を埋めようとしているようなものなのです。細胞生物学者は、顕微鏡で詰まった受容体を見ることができます。また神経学者は、MRIを通して、活動が滞っている脳の領域を指摘することができます。けれど、物質が自己をコントロールしているという思考の罠にはまってはなりません。あなたが開放しておきたいと望んでいる受容体を、脳がそれ自身で埋めてしまうことはありません。もしあなたが日々自分を再構築するなら、毎朝日の出とともに新しい世界を経験することでしょう。

こう言うと物質主義的な社会に審判が赤い旗を揚げているようなことになります。不均衡なセロトニンを引き起こしたのは鬱病患者であると私たちは言っているのでしょうか。彼らは、魂が与えたかった喜びと充足を受け取ることに失敗したのでしょうか。それに対する最適な答えは、残念ながら曖昧なものです。脳は、二重に制御されているからです。脳は自動的に動いていますが、それは化学的不均衡も自然に起こり、脳の活動のゆがんだパターンが勢いを持つ傾向にあるということも意味しています。それがいったん定着してしまうと、外的な介入がなくても再発します。よって鬱病患者自身が症状を引き起こしたと主張することは不当であり、医学的にも間違っているのです。その一方で、鬱の原因がその人自身にあることもまた確かです。脳の活動は、かなりの部分において自発的です。もしお酒を飲み過ぎたり、有害な人間関係にはまっていたり、ストレスに対処するスキルに欠けていたりした場合、結果として、脳機能に鬱状態がもたらされるでしょう。自発的なことと、自発的ではないこととの間の曖昧な領域は、定義するのがきわめて難しいものです。結局、私たち一人ひとりは両方の領域に生きており、その二つの領域のかじ取りを、できる限りうまくしていかなくてはならないのです。

幸いなことに、このコントロールのほとんどが個人に委ねられています。あなたは「私は今日、新しく生まれ変わりたい」と言うことができ、成すべきことの90％は達成されるでしょう。秘訣は、メッセージが誤解や混乱なく受け止められるように、「私は今日新しく生まれ変わりたい」と非常にはっきりと、しかも存分に心を込めて自分に言うことです。シナプスを隔てて互いに向き合う二つの脳細胞は、分離した存在であるかのように活動するかもしれませんが、実際は、脳全体の一部です。そして脳は、より大きな全体性、つまりあなたの一部なのです。あなたがあらゆるメッセージの送り手であり受け手でもあるということは状況を一変させます。ほとんどの人が、この決定的な事実に気づいていないのです。そのような人々が構築してきたのは、「私」と「私ではないもの」から成る世界でした。「私」と「私ではないもの」で世界を構築するやいなや、外側からあらゆる種類のメッセージを浴びせかけられることになります。なぜなら「私ではないもの」は、すべての他者、世界全般、そして自然そのものも含むからです。

しかし、もしあらゆるものが「私」であれば、すべてのメッセージは自己のひとつの側面からもうひとつの側面へと伝えられるものです。今朝、あなたが目覚めてから始まった新しい一日は、変装したあなたです。その新鮮な機会は、目に見えない非物質的な自己の次元から来ています。したがって、外的世界を偽装した衣装を着ることは非常に効果的であると証明してくれます。電話が鳴り、受話器をとると、あなたは「私ではない」声を聞きます。それ以上に説得力のあることが他にあるでしょうか。しかしそんなに簡単に納得しないでください。今日という日によってもたらされたあらゆる経験は、主観的なものでした。その経験は、あなたの意識によって受け止められ、処理され、判断され、そして吸収されました。よって、今日という日は、紛れもなく意識の中で起こったものであり、そしてあなたこそが意識なのです。

二人の人間が、まったく同じように今日という日を経験することはできません。たとえ一分間でも、まったく同じように経験されることはありえないのです。あなたは独自の世界を経験しているため、与えられた瞬間をどのように受け止め、処理し、判断し、吸収するかもあなた次第なのです。自己はこうした作業を実行して、時々刻々と人生からどんなものを得るかを決定しているという特性を持っているのです。表層的な次元においては、電話であなたに話しかける他者（＝私ではないもの）が存在しますが、魂の次元では、意識のひとつの側面が別の側面へとメッセージを送っているのです。

今この瞬間が唯一、刷新することが可能な場です。なぜならすべてのメッセージを受け取っているのは「今」だからです。しかし今という時間に特別な魔力があるわけではありません。もし優れたシェフがあなたの前に魅力的な食事を差し出してくれたら、それを「食べるという経験」は今に存在していることではありません。重要なのは、その経験を受け取る際の自己の「質」です。心ここにあらずの状態の人は、食事の味はほとんどわからないでしょうし、鬱状態の人は味気ないと感じるでしょう。しかし恋をしている人は、同じ食事をすばらしいものだと思うでしょう。だから、今というのは、次のメッセージとのやりとりを待っている開かれた脳の受容体のようなものなのです。

もしあなたが完全にオープンな状態にあり、意識は研ぎ澄まされて拡大し、心が古い条件付けから自由である場合、今というものは魅惑的かつ神秘的なものに見えるでしょう。現実においては、あなたは魔法をかける側です。あなたが果たす中心的な役割に気づけば、その魔法は新しい世界として自然に日常生活に現れるようになります。いつもと同じ世界のように見せているすべてのものは、あなたの中に存在しているのですが、自分の個人的な進化に焦点を当てることによって、それらを排除することができます。新しい世界を覆い隠している霧は晴れていき、無理なく自然に刷新が起こるようになるときがやって来ます。それは送り手と受け手が、もう崩れることのない抱擁の中で出会う瞬間なのです。

ステップ8　時間を超越する

よく時間を賢く使うべきだと言われますが、実際にはどのようなことを意味するのでしょう。ほとんどの人にとっては、それは時間管理という意味を持っています。一日の時間は限られており、もしあまりに長い時間を無駄に過ごせば、本来やろうと思っていたことの半分もこなさないうちにその日は終わってしまいます。しかしあなたの魂はそのような見方で時間をとらえてはいません。魂が参照している基準は、時間を超越しているのです。よって時間を賢く使うということは、時間を超越して時間を使うことを意味します。もし誰かが「私の人生は時間を超越している」と言うのを耳にしたら、その人は非常に宗教的で、時間を超越していると言っているのは神の近くにいるということを意味するのだろうと推測したかもしれません。もしくは、その人は時間が止まったように感じる砂漠のようなところに住んでいるのかもしれないと思ったかもしれません。他にも可能性はあります。その人は瞑想に打ち込んでいる人――たとえば、涅槃《ねはん》に到達するために時間の牢獄から逃れようとしている仏教徒かもしれません。言い換えれば、「時間を超越する」という言葉は、わかりにくく、現実離れした印象を与えるような不思議な響きがするのです。もしあなたが現実的なら、片づけてしまいたいすべてのことを一日の中に詰め込もうという時間の使い方をするでしょう。

非常に重要なのは「時間を超越する」ということを日常生活で現実化することです。

もしも、時間を超越することが存在しているということを忘れてしまうなら、あなたは自分の魂と断絶していることになり、魂を日々の予定に組み込むことはできなくなってしまいます。では逆に、あなたの生活を、時間を超越したスケジュールへと拡大することは可能でしょうか。この問題に取り組むにあたり、時間が誤った方向に進みうるさまざまな場合について考えてみましょう。ひとつの例を用いて、時間が提起する隠された罠について説明します。あなたは、すばらしい休暇をとることに決めたとします。二度目のハネムーンのようになるかもしれないバハマ諸島への旅です。あなたも配偶者も、自分たちはそろそろ長い休暇をとってもよい頃だという点で意見が一致しており、他の家族のメンバーを置いて二人きりでいくことで、夫婦関係を温め直したいと考えています。けれども不運なことに、ものごとが予想外にうまく運びません。旅行の計画をたてることで、あなたのごく限られた貴重な空き時間はつぶれてしまい、務めを果たさない配偶者に対して腹立たしさを感じ始めます。予定していたカリブ海への便は運航中止となり、空港で丸一日立ち往生するはめになります。到着する頃にはクタクタに疲れ切り、帰国当日になるまでリラックスできません。おまけに、配偶者と親密なつながりを温め直すことよりも、家に残してきた子どもたちのことを心配することにより多くの時間を費やしてしまいます。休暇が終わったときはホッとした気分になり、それから一ヶ月たって、二度目のハネムーンという考え自体、遠い思い出のように感じるのでした。

楽しい時間を過ごすことと、ひどい時間を過ごすこととの違いとは、実際、時間そのものによって決まります。今述べた例においては、次のような点が間違っていました。

- 時間があまりにタイトで制限が多くなってしまった
- 時間が心理的な苦痛を生み出した
- 時間的なプレッシャーの中、経験は薄くて満たされないものになってしまった
- 時間は、あなたが心から願ったものを提供してくれなかった

もしもこうした問題を解決できるとしたら、時間を超越することとは、非常に実用的であるということがわかるでしょう。というのも、誰もが日々、これと同じような苦しみに悩まされているからです。そもそも、すべての人々が感じている、時間があまりにもタイトすぎる、という最も基本的な不満をとりあげてみましょう。さまざまな締め切りのプレッシャーのもと、時間に対して要求が多すぎるために、日常生活は速く走れば走

るほどますますゴールが遠のいてしまうレースのようなものになってしまいます。時間管理をすることでこの問題を解決しようとするものの、状況が多少改善される程度です。仕事は、あなたが時間を割くやいなやどんどん時間を食い尽くしていくでしょう。解決法は、時間を超越したところから生きることです。時間が消滅するときのみ、十分な時間が存在するのです。それは矛盾しているように聞こえますが、もっと深い論拠があります。

時間はあなたから切り離されたものではありません。あなたという存在の一部なのです。あなたの源においては、あらゆる出来事が完璧なタイミングで展開しています。始まりは終わりを知っています。必要なことすべてを成し遂げられるだけでなく、A地点からB地点へと移動する経験もまた満足のいくものになるように、十分な時間が配分されています。言い換えれば、時間が展開するというのは実際、自己が展開することなのです。時間は自己、つまり本当のあなたを閉じ込めることはできません。

子宮にいたときの自分の体について考えてください。正常な妊娠期間が9ヶ月を要するのは、たったひとつの理由からです。新たに生まれてくる赤ん坊の完全なまでの複雑さが、ちょうどその期間に符合するのです。もしも胎児が必要とする時間がそれより短かったり長かったりする場合、誕生時期もそれに合わせて順応します。9ヶ月を固定された期限にしなくてはならないというプレッシャーはありません。これと同じく流動的に、あなたが成し遂げたいことは何であれ、それ自体の内なるスケジュールを伴っています。時間はあなたの願望に従っているのであり、その逆ではありません。もし二人の人が同じ本を読むとしたら、重要なのは、どちらがその本を最大限に活用できたかであり、どちらが早く読み終えたかではないのです。

時間とは、あなたが人生に何を望むかということに合わせられた、完全に主観的なものであるということがわかると、時間のプレッシャーという概念自体がなくなります（2007年にノーベル文学賞を受賞したイギリス人作家ドリス・レッシングは、十四歳のときにローデシアの学校を退学になり、以後戻ることはありませんでした。彼女はかつてインタビュアーに、このことは大きな利点になったと語っています。なぜなら、高校や大学で指定された本を予定通りに読むのではなく、自分が興味を持ったときだけ好きな本を読むことができたからです。その意味において、彼女は読んだ本すべてを最大限に活用し、そして彼女の人生は夢中になった本と共鳴しながら展開したのです）。もしあなたが時間の外的な意味とつながっているなら、存在の本質を見失ってしまいます。その本質とは「締め切りを守る」などという意味ではありません。

時間を超越すると、人間の心が計算して考えるよりもさらにずっと効率的な時間の使い方ができるようになります。私たちは、体の基本的なバイオリズムを調整することさえできませんね。バイオリズムは非常に複雑に織り合わされたものなので、完全に自然の手に委ねられなくてはなりません。しかし、心はそのようなリズムを台無しにしうるのです。同じことが概して時間に対しても言えます。「時間が十分ではない」「時間が残り少なくなっている」「ものごとは時間通りに行われなくてはならない」などと心は勝手に決めるかもしれません。しかし現実には、時間を超越することこそ時間を管理していることになるのです。あなたが夕食の準備をしたり、雑誌記事を読んだり、何かちょっとした家事をするのに一時間を気軽に使うことを想像してください。それぞれの行動にかかる時間を測るわけではありません。あなたは漠然と、ある時間になったらテーブルの上の食事を食べたいと思っています。でもその他の点では、すべてのものを決まった場所に並べることは、さしたる努力を必要としません。あなたは読んだ記事について考えたり、おそらく白昼夢や、思いついたばかりの未来のプロジェクトについて考えたりする余裕さえあるでしょう。

さて、同じ状況をイメージした上で、そこにあなたの配偶者が電話をかけてきて、家で夕食をごちそうするために上司を連れてくると言ったとしましょう。時間が変化したわけではありません。しかしあなたと時間との心理的な関係は変化しました。今やあなたはプレッシャーを感じ、簡単に達成できたことも不安で覆われます。雑誌記事を読む時間もありません。まして内省・夢想・未来のプロジェクトの計画に当てる時間などありません。時間が十分に管理されているという特性を持つ、時間を超越する要素が失われてしまったのです。時間管理の仕事が心に引き渡されてしまうと、時間を超越している状態での自発的な秩序と比較すれば、心からの命令は大ざっぱで満足いくものではなくなります。

全体性を実現するためには、時間を超越した状態を、時間そのものと融合させなくてはなりません。それは私たちの態度を変えればいいというだけではないのです。深い意識を育む必要があります。なぜなら、表面上、次から次へといろいろなものがあなたの注意を引こうとするにつれ、意識は常に変化するからです。川の水は、水面では最も速く流れますが、川底ではほとんど動きがありません。瞑想を通して開かれる、あなたの心の中の静かで動きのない深みを探し出してください。あなたの心の静かな深い部分は、川と同様に表面での活動から切り離されています。川は、どこをとっても同じ水でできており、同じゴールに向かって動いています。けれどその旅は、流される木の葉のようにあちこち揺れ動かされたりしなければ、さらにもっと心地よいものになるでしょう。

川が静止しつつ、同時に動いているという状態は決して不思議ではありません。静止しながら同時に動いているという心にも、不思議さを見出す理由はありません。時間を超越した状態は、水と水が融合するのと同じぐらい簡単に、時間と融合します。これを個人的に経験することは可能です。内なる静けさが時間のプレッシャーを取り除くことになるとわかれば、必然的に次のステップに到達することになります。時間を超越した状態が時間を扱うようになると時間が足りなくなるということはなくなり、どんな締め切りとも無縁になるのです。時間を超越した状態は、自由――つまり時間と融合し、まさに今この瞬間にあなたを自由にするという特性――をもたらします。

ステップ9
世界を理解しようとする代わりに世界を感じる

全体性へ至る道とは、考えるものではなく、感じるものです。レオナルド・ダ・ヴィンチは彼の生涯が終わりに近づいた頃、流れる水の渦を巻くパターンについて解明しようと何百時間も費やしましたが成功することはありませんでした。流れは分析されるのを拒んだのです。そして同じことが人生の流れについても言えます。しかしあなたには思考を超越できる意識があります。あなたは部屋に入ったときに、その空気に緊張感が漂っているかどうか感じとることができます。誰かがあなたに恋しているかどうか感じることができます。もっと微細な次元においては、あなたは自分がいるべき場所にいるかどうか、もしくは安全かどうか、感じることができます。こうした意識の微細な側面が、私たちが認識するよりもずっと深いところまで人生を導くものなのです。世界を感じないということがどれほどの打撃を与えうるかということがわかるのは、意識の微細な側面が不在のときでしょう。

さて私は今、ひとりの若者のエピソードを思い出しています。彼は、ある女性と恋に落ち、すぐさま彼女の家に引っ越してきました。彼女もまた彼を非常に愛していましたが、まもなく奇妙な不安感を抱くようになりました。彼が他の部屋に行けば、常に彼女も付いていきました。もし彼が本を読もうとしたら、すぐにこう尋ねたものでした。

「今何を考えているの?」

最初、彼はその質問をたいして気にも留めず、「特に何も考えてないよ。どうして?」と答えたものでした。でもまもなく状況は悪化しました。五分ごとに彼女は「今何を考えているの?」と聞くのです。そしてどんな答えも彼女を満足させることはないのです。男性は、この強迫観念がどこから来るものなのかわかりませんでしたが、最終的に、それが原因で二人の関係は終わりを迎えました。そのすぐ後で、彼は気づいたのです。彼女は愛されていると感じることができなかったのだと。男性が静かになると、それが読書であれ、仕事であれ、パソコンに向かっているときであれ、もしくはまったく何もしていないときであれ、どんなときでも、彼女は彼が自分のことを愛していないのだと感じ、いてもたってもいられなくなったのです。「今何を考えているの?」と尋ねられたとき、彼女を満足させるであろう唯一の答えは、「君のことだよ」というものでした。そして、たとえできうる限り愛情深くそう答えたとしても、彼女はやはり五分後にはいてもたってもいられなくなったことでしょう。

これは、愛されていると感じられず、まったく無力な状態に陥ってしまった人の例です。もし、そもそも自分は愛されないと感じていれば、他の人に愛されているとは感じられません。固定した思考は気づきを阻害します。同じように、安心感を得られない人は、どんな外的保護によっても安心感を得られないのです。自分が無価値だと感じる人は、どんな種類の達成を通しても自己評価を得ることはできません。じっくり深く見極めれば、こうしたすべてのケースが自己と世界の間の断絶を示していることがわかります。私たちは、自分がどのように感じるかを、外側の世界に投影しているのです。もし自分は愛されていないと感じるなら、世界には愛がないように見えます。もしあなたが危険を感じているなら、世界は危険なものに感じられます。しかし、世界は危険な場所ではないのでしょうか。私たちは愛情のない行動と広がる無関心に囲まれているのではないでしょうか。答えはイエスです。しかしそれは絶対的なものではありません。世界はときに危険になりますが、ほとんどの場合は危険ではありません。多くの状況で愛はなくなりますが、予期せぬ瞬間に愛は最も暗い状況を通りぬけて輝きます。果てしなく変化する世界を理解しようとする代わりに、あなたは自分の道を感じ、その感じ方を信頼することができるのです。そのとき初めて、あなたは自分のまわりで展開していることを知ることになるでしょう。

全体性を実現するには、非常に特殊な感情が求められます。それは、「私は十分である」という感情です。あなたがそう感じるとき、世界も十分なものになるでしょう。しかし、もしあなたが「私は十分ではない」と感じるなら、世界は常に不十分なものになるでしょう。あなたは充足のための決定的要素に欠けており、どれだけ一生懸命それについて理解しようとしても、失われたものは決して見つからない、という漠然とした考えを抱くでしょう。本書の中で何度も述べてきましたが、体は例外なく、あなたが想像する以上に魂と近いものなのです。あなたの体は、十分であると知っています。細胞は不安もなく、心配もしていません。もし細胞が話すことができたなら、完全なる確信を持って次のようなことを断言するでしょう。

- 私は自己充足しています
- 私は安全です

- 私はどう生きるべきかはっきりとわかっています
- 生命は私の必要を満たしてくれます
- 私は所属しています

細胞は、体内での役割を完璧にこなし、他のすべての細胞と完璧に調和し、常に自給自足状態でいることによって、言葉に表すことができない真実を生きています。土台としての体とともに、自分は十分であると確信するに至る道を感じることができます。あなたはもしかしたら、幼いときに目のがんに冒され、自分専用の音波探知機を発明した、ある盲目の十代の少年に関する有名な映像を見たことがあるのではないでしょうか？　この少年は、イルカのように、一秒に数回カチカチと音を出し、音が物体に跳ね返る際に放つエコーを聞きます。彼はこのようにして不思議な恩寵とともに、暗闇の世界から抜け出したのです。少年はひとりで自転車に乗り、バスケットボールを楽しみ、家事をします。もし彼が舗道を歩いているときに、行く手が遮られていると感じたら、カチカチという音に集中し、障害物が空き缶であることを「見る」ことができ、そしてそれをよけて歩くのです。このような適応をしている盲目の患者が他にもいることが、医学文献の中でも見受けられます。彼らが自分で作り出した音波探知機は、音でできた心の画像を作り出すことを可能にしているは明らかです。

ただ、ここには問題がひとつあります。専門的にはエコーロケーション（反響定位）という名で知られる、イルカが使う音波探知は、一秒間に1750ぐらいの、超高速音波パルスを必要とします。盲目の人は、多くても一秒に5クリックしか音を出せず、近くの物体のイメージを心に描くにもまったく十分ではありません。では、盲目の人はどのようにして見ているのでしょうか？　ひとつの答えとしては、体には目ではない目があるということが考えられます。つまり、頭蓋骨の根元で、脊柱のちょうど上にある、脳の原始的な領域のことです。この領域の細胞は、視覚野や一対の目につながらずに、外の世界を直接的に感じることによって「見る」のです。これは、原始的な単細胞生物が光に向かって進んでいくのと同じです。「自己像ビジョン」と名付けられるものについてはほとんど知られていません。「頭の後ろに目が付いている」とはよく耳にするフレーズですが、「自己像ビジョン」はこれの説明になるかもしれません。しかし実際のところ、頭の後ろに目があるというのは文字通りの事実なのです（たとえば被験者が後ろから誰かに見られているときに、それを感じ取ることができるということは、信頼できる実験によって証明されています）。最もよい例としてあげられるのは、自分の前面から、自分の体を見ることができる人々でしょう。神経学者は、この種のビジョンを持つ被験者たちの存在を記録しています。臨死体験をした人たちが、空中に浮きあがって自分の遺体を見下ろすのは、ある種の自己像ビジョン能力が一因となっているのかもしれません。

こうした例は、臨死体験や見ることのできる盲人たちについてのみ説明しているのではありません。むしろ意識は、私たちの想像を超えて拡大するということを示しているのです。体は五感を超えて感じるようにできています。もしこれが真実であると信じられないなら、あなたを導いてくれるはずの微細な意識が、あなたの不信感によって阻害されうるのです。一方で、あなたは微細な意識が本当に存在すると受け入れることもできます。いったん受け入れてしまえば、世界を通して自分の道を感じることが精神性を高める旅の決定的な部分となります。「今何を考えているの？」と尋ね続ける女性の話に戻りますが、もし彼女が自己認識できていたなら、強迫的な質問の底に潜んでいるパニック感情を感じ取れたでしょう。このようなわけのわからない恐怖という感情に波長を合わせると、自分は愛されていないと感じていることに気づき、その感情をよく吟味してみると、結局自分は愛されるに値しない人間だという結論に達するのです。さて、ターニングポイントにさしかかりました。彼女は選択を迫られます。愛されていないということは、そのような自分は愛されないという世界が残酷にも増強し続けるという事実であるとするか、もしくは愛されていないということは自分で癒すことのできる何かであるとするか、という選択です。もし自分を癒すという選択をするなら、その癒しは、自分は愛されていないと感じている源である、最も深いところにある意識――彼女の魂――と再接続させてくれることでしょう。

「私は愛されていない」というのを「私は安全ではない」「私は満足していない」「私には目的がない」と置き替えることも可能です。どんな欠如の感覚も、もとをたどると、源からの断絶に行き着きます。だから、その断絶を癒すと、あなたは自分の道が戻ってきたように感じるのです。魂の全存在は、十分であるという確信に依拠しています。全体性が実現された状態であれば、その外側には何ものも存在しえません。一歩ずつ自分の道を感じながら魂と再接続すると、あなたの意識は変化するでしょう。あなたは自分が本当は何者であるか、感じとっているのです。「私は十分です」ということは、あらゆる精神性を追求する道のゴールなのです。幸いそれこそが自然な状態であるために、全体性を追求することは――もし追求し続けるなら――もともと成功する運命にあるのです。

ステップ10 自分自身の神秘を追求する

全体性は、望みさえすれば手に入れられます。人間は「仕事」「車」「お金」「家族」などを求めるものです。私たちはそれらを追求するから、得ることができますね。そして社会はそれが成り立つようにできています。しかし、この社会は全体性が得られるようには作られていないのです。精神性の高いものは何であれ、物質的な生活から切り離された箱に入れられてしまいます。非常に強い宗教的信念から、キリスト教徒としての生涯、ユダヤ教徒としての生涯、もしくはイスラム教徒としての生涯を万事においてまっとうしたいと思う人々もいるというのは事実です。宗教に身を捧げることの利点は、すでにできあがった道が、強力な支援グループとともに与えられるということです。問題点としては、服従することが求められることであり、もしもあなたが非常によく順応し、非の打ちどころのないキリスト教徒、イスラム教徒、ユダヤ教徒になったとしても、あなたが全体性に至る保証はないという点です。

「仕事」「車」「お金」「家族」をほしがるのと同じぐらい熱心に全体性を求めなくてはならず、そして自ら進んでその道を一人で歩まなくてはならない、という二つの事実からは逃れることができません。マザー・テレサの死後何年も経ってから、書簡が出版され、「カルカッタの母」が神を経験したことがなかったということが明らかになったとき、私は深い感動を覚えました。貧しい人々への何十年にもわたる献身的な世話、そして完璧な聖者という公的なイメージに反するにもかかわらず、マザー・テレサはその願望――神を個人的に知ること――を叶えることができなかったのです。多くの人にとって、これはがっかりさせられる新事実でした。もし聖者が精神性を高める道のゴールに到達できなかったとしたら、いったい私たちはどうすればよいのでしょう。その答えは、他の誰かによって与えられるようなものではなく、あなた自身の神秘を追求することにあると私は提言します。仏教徒は、「仏に逢《お》うては、仏を殺せ」と言うことで、これを表しています。この言葉が意味するところは、もしあなたが、あらかじめ与えられた理想に従おうとしている自分を見出したら、その考えを頭から追い払いなさいということです。

人生の神秘とは、解決すべきあなた自身の神秘です。その道のりにおいては、一歩一歩、先入観なしに突き進まねばなりません。すぐ目に見える固定したゴールがないと情熱を保つのはかなりたいへんです。「いつか私は完全になる」とか「いつか私は神に会い、神は私を愛してくれる」と自分に言い聞かせるほうがずっと簡単です。しかしもしあなたが固定したゴールを求めるなら、線路に固定された列車のように、右にも左にも自発的に動けない状況になるでしょう。即座にどんな方向にでも動ける能力は、非常に重要です。人生とは、線路に沿って自分のほうに向かってくるようなものではありません。人生は、あらゆる方向からやってくるので、私たちは完全に自由に動けることが必須であり、それはまた選択の完全な自由を示唆するものでもあります。精神性を高める旅のすべての次元において、もしあなたが自由を求める情熱があればそれで十分でしょう。

この点については、幸福はどのように経験されるのかを発見するために行われた最近のマウス実験によって詳細が明らかにされました。動物研究者たちは、マウスの幸福とは脳反応であると定義しています。マウスが食べているとき、脳のある領域が光るのですが、それは満足と充足を示しています。後になって、マウスにとっては、ただ食べ物のことを思い出させられるだけで——たとえば匂いを通して——脳の同じ領域を光らせるのに十分になるのです。人間の場合も、似たような状況になります。自分が幸せであることを思い出させるようなシグナルが与えられると（食べ物の匂いだけでなく、愛する人の写真や美しい南国の浜辺の映画など）、幸福を感じる脳の領域が光るのです。

けれども、ここで謎が生じます。マウスは幸福を思い出すと、そのときの反応を高めようとするのです。その反応とは、食べ物の匂いで空腹を感じ、食べたくなるというものです。人間はそのような直線的で予測しやすいかたちで幸福を求めません。脳の観点からすると、予測できないことは理にかなっていないのです。もしも幸せの反応があるとしたら、できるだけ頻繁に幸せを感じる脳の領域を光らせるのがごく自然だということでしょう。かごに入れられた鳩は、食べ物のご褒美をもらえるなら同じことを千回でもやり続けます。一方で、人間は食べずに過ごすこともできます。なぜなら生物の中でも優位な立場にあるからです。貧しい家庭では母親は子どもに食べさせるために自分の食事を我慢します。ガンジーのような政治的理想主義者は、英国の迫害者たちの良心に訴えるためにハンストをしました。あるスーパーモデルは、仕事を続けられるようなスタイルを保つためにクラッカーとレモンを常食としています。こうしたすべてのケースにおいて、その状況を観察する脳研究者の心に浮かぶのは、perverse（屈折している）という言葉かもしれません。でも、より適切な言葉は、transcendent（超越している）なのです。

私たちはより高みに行くため、今日の私たちの幸福を超越した幸福のビジョンを満たすために、生物学を乗り越えます。食べることは生物学的に必要なことです。しかし超越することは人間として必要なことなのです。私たちにとって、幸せがさらなる「意義」「目的」「深さ」「全体性」を持つとき、幸せはさらによいものになります。多くの人々にとって、それは「仕事」「車」「お金」「家族」によって与えられます。しかしすべてを手に入れてしまい、完璧に満たされることを想像すれば、そこには驚きが待ち受けています。あなたが安定した充足感を手に入れた瞬間、新しい地平線が開け、そしてその地平線にたどり着きたいという願望は、これまでに感じたどんな願望よりも強いものになるでしょう。

究極的には、それこそが神秘なのです。人間は、限定された充足感では決して満足することができません。私たちは超越するようにできています。あなたが内なる切望をどれだけ無視しようとしても、それを抑え込むことはできません。あなたはよりよい種類の幸福を求め、そうしていくうちに、自分自身の神秘を求めることになるでしょう。それこそが、人類共通の神秘なのです。それはあなたを仏陀やイエスの次元にまで高め、また仏陀やイエスをあなたの次元にまで降ろしてくるのです。超越したいという同じ切望は、あなたとあなたの魂と、そしてすべての魂をひとつにするでしょう。したがって、あなたは全体性に至りたいという情熱を燃え立たせる必要はないのです。情熱は、すでにあなたの中に存在しています。それは、あなたの生まれながらの権利なのです。

結論　私を創ったのは誰？

人生は、適切な問いかけをすることによって、前に進んでいきます。私の記憶に残っている最初の疑問は「誰が私を創ったのか」というものでした（私の子どもも、私に同じ質問をしました）。子どもは、自分がどこから来たのかということに、自然に興味を持つものです。子どもは、創造を個人的なこととして受け止めるものですし、またそうすべきだと私は思います。しかしその無邪気さの中で、彼らは間違った方向に向かっていくことになります。真実が明らかにされることなく、彼らを創ったのは神である、もしくは両親であると教えられるからです。そしてその真実とは、私たちを創ったのが誰なのかを本当に知る人はいない、ということです。私たちは最も深遠な謎のひとつをとりあげ、そしてそれをお決まりの展開で片づけてしまうのです。私たちは肩をすくめ、両親から聞いた答えを次の世代にも伝えていきます。

自分は何者かということを探求することによってのみ、真実は見出されます。結局、「誰が私を創ったのか？」という問いかけは、最も本質に関わる、個人的な問いかけなのです。自分がどこから来たのかわからない限り、自分が世界のどこに属しているかも知ることはできません。もし、神によって創られたという宗教的な答えを信じるなら、そこで得られるものは確信だけであり、有益な知識は得られないでしょう。つまり人生の神秘が天地創造に委託されて、すべてはそこで終わってしまうことになるのです。こうして有益な知識を得たいと思う人々は、科学へと向かっていくわけです。創造とはランダムなもので、ビッグバンの瞬間に爆発した渦巻くガスが巻き起こすものである、と科学はとらえています。この見解は、少なくとも私たちに現在進行中の創造を与えてくれます。宇宙が疲弊して、もはや与えるべきエネルギーを持たなくなるまで、エネルギーと物質は何十億年もの間、新しいかたちを生み出し続けるでしょう。しかし科学的な知識を選択するには大きな代償を支払うことになります。それは愛情に満ちた、思いやりのある創造主が失われてしまうからです。あなたの体は、他のあらゆる物質と同じようにブラックホールに吸い込まれていたかもしれない、漂流する宇宙の塵でできた偶然の産物ということになってしまうのです。究極的に人生には意味も目的もありません。もし目的を自ら作り出したとしたら、それを巡って争うことになるでしょう。

私はこれまでどちらの答えも決して受け入れることはできませんでした。そしてこの疑念によって、私が提示するみっつめの道が生み出されたわけです。私は体が持っている聖なる本質を取り戻そうとしてきました。その本質とは、科学が解明しようと追究している類の有益な知識を提供する一方で、体が持っているすばらしい秩序と知性における「忘れ去られた奇跡」のようなものなのです。それを見出すためには、物質主義が居心地悪く感じるような、目に見えぬ領域へと越境しなければなりませんでした。しかし「意識」「知性」「創造性」「魂」といったものは目に見えないからといって、非現実的なものとして排除しなくてはならないと思い込まされるべきではありません。それらは、人間としての私たちにとっては現実的なものであり、結局のところ、そうしたものこそが重要なのです。なぜなら私たちが解明したい謎とは、私たち自身の神秘だからです。

エネルギーと意識の観点から体を再構築するためにこれまで行ってきた議論が、あなたにとってすばらしいものとなることを願っています。私は心からそう信じているのです。魂を日常生活に呼び戻すことはすばらしいことだと思うからです。しかし私の内側では四歳のときにも尋ねたように、こう問いかける自分の声が聞こえます。

「私を創ったのは誰？」

このような最も単純だけれども最も深遠な問いかけとともに「旅こそが答えである」というスピリチュアルな格言が現実となってきます。自分の創造主を見つけるためには、その創造主が現れるまで宇宙を探求しなくてはなりません。古代インドでは、あらゆる創造物は人間の中に圧縮されていると考えられていました。だから宇宙を探求するには、ただ自分自身を探求すればよかったのです。しかし、あなたが客観主義者である場合、裏を返せば外側の世界を探求することもできるのです。あらゆる手がかりを追跡し、最終的に、創造の最終段階の未踏領域へと導かれ、そのときあなたは畏怖の念に圧倒されるでしょう。アルバート・アインシュタインは、創造の神秘を前に、驚きひざまずく人々の手によってのみ、偉大な科学的発見は行われてきたと断言しました。驚きは、主観的な感情です。たとえあなたが外へ向かったとしても、結局は自分自身に向き合うことになります。燃えさかる銀河は、人間の眼がそれを見つめているからこそ、驚くべきものになります。そしてその驚きを理解したいという思いは、人間の基本的欲求なのです。

先に私は、神に会うための最善の方法とは、神の創造物を強く褒めたたえること、そうすれば創造主はあなたに会うために姿を現してくれる、と語った昔のグルの言葉を引用しました。これは、無限の情熱をもって自分の作品を愛してくれる人のことを耳にする芸術家の状況と似ています。これほどまでの崇拝者に会うのを拒める芸術家がいるでしょうか。もちろん、この単純な寓話には隠れたトリックがあります。なぜなら「光と影」「善と悪」「内側と外側」といった反対のもの同士を超越する地点まで創造を探求した人というのは、すでに神と関わっているからです。その時点において、あなたとあなたの創造主は同じ愛を共有しています。そのとき**「誰が私を創ったのか？」という問いへの唯一の答えは、「私が自分を創った」**ということになるのです。

人間が自らを創造したという考えが冒涜《ぼうとく》的であると感じる人々からの怒りの声が出ることはわかっています。しかし神の特権を侵害している人など誰もいないのです。私たちが自分自身を創造する次元とは、魂の次元です。魂はあなたの聖なる体です。魂は、無限の世界と相対的な世界とを結んでいる接合点なのです。その観点において、私はアインシュタインの考えに異議を唱えます。人間の意識が、無限を前にして畏《おそ》れをなすに違いないと私には思えないのです。思考する心は、畏れることを強いられるかもしれません。しかし思考が止まったところで、意識は自由に動き続けるのです。思考は、人生を価値あるものにするすべて——「愛」「願望」「芸術」「音楽」「親切心」「利他主義」「直観」「英知」「情熱」を創り出すことは決してありませんでした。思考する心が神の創造物の前に畏れおののくとき、愛はまったく消える気配も見せず、願望は、さらに多くのものをまだ得ようとするでしょう。体を再び発明し、魂を復活させるプロセスとは旅であり、その旅に終わりはないのです。

訳者あとがき

チョプラ博士の2009年10月の来日講演会は、アメリカで発売されたばかりの本書の原著「Reinventing the Body, Resurrecting the Soul : How to Create a New You」（『体を再び発明し、魂を復活させる〜新しいあなたを作る方法〜』）がベースになっていました。正味2時間という短い間にこのような深遠な内容をお話ししていただいたので、聴講者は「とにかく凄いことが語られている」ということはわかっても、消化吸収するまでには至らなかったかもしれません。7年経ってやっと全容をお伝えできるようになりました。

前編の『あなたの年齢は「意識」で決まる』には、セルフワークが紹介されていましたが、本書は指南書のように説明的な内容になっています。すべてを日常で実践するのは難しいかもしれませんし、長続きしない可能性があります。実はこれらのことを日常で「無意識的に」実践できるようになっていくのが、一日二回の瞑想の実践なのです。特にマントラを使う瞑想が最も適しているでしょう。意識の最も深いところにアクセスするからです。

原初音瞑想を習得した方は一回三十分間の瞑想が薦められていますが、原初音マントラ（自分が生まれたときに流れていた宇宙の音。魂を経由してスピリットにつながる瞑想ツール）をお持ちでない方々は、一般的なマントラを使った一回二十分間の瞑想が推奨されています。

本書には具体的な瞑想方法は紹介されていませんでしたので、チョプラ博士が世界中で実施している『「意識」を究極的に深める誘導瞑想』を日本語で収録し、読者限定のプレゼントとして音声ファイルを無料でダウンロードできるようにいたしました。詳細は本書巻末をご確認ください。

「意識」を究極的に深める誘導瞑想の音声を日々の瞑想に活用していただき、ときどき本書を読み返すことによって、本書の内容を、日常で無意識的に実践できるようになっていることに気がつくと思います。そして体験が伴ったことによって、さらに理解が深まり、時間の経過とともに最高の人生をつくり出す方法が身についていくことでしょう。

[著者プロフィール]

ディーパック・チョプラ（Deepak Chopra）

医学博士。インド出身。代替医療のパイオニアであり、心と体の医学、ウェルビーイング分野における世界的第一人者であるとともに、人間の潜在能力分野における世界的に有名な指導者。1996年、カリフォルニアに自身の名を冠した「チョプラセンター」を設立。西洋の医学と東洋の伝統的な自然治癒法を統合させた癒しのメソッドを確立し、体と心を総合的に癒すための実践的なプログラムを提供している。心と体の健康、量子力学、成功法則などに関する著書は80冊を超え、24冊がベストセラー。43ヶ国で発行され、発行部数は4000万部を超えている。タイム誌発表の「20世紀の英雄と象徴トップ100」に選ばれ、「代替医療の詩人・予言者」と紹介される。CNNニュース他メディア出演多数。

多くの大学院で講師を務めながら各国の王室、大統領、首相経験者などの政界のリーダーたちや一流企業経営者たちのメンター役を務め、故マイケル・ジャクソン、レディー・ガガ、ミランダ・カー、マイク・マイヤーズ、マドンナ、デミ・ムーア、オリビア・ニュートン＝ジョンなど多くのハリウッドセレブたちからの信望が厚いことでも有名。クリントン元米大統領は訪印時、「アメリカは代替医療の先駆者であるディーパック・チョプラ博士に代表されるインド系アメリカ人の方々のおかげで豊かになった」と話し、ミハイル・ゴルバチョフ元ソビエト連邦大統領は、「チョプラ博士は間違いなく、われわれの時代で最もわかりやすく感銘を与える哲学者だ」と評した。

主な著書に『宇宙のパワーと自由にアクセスする方法』『宇宙のパワーと自由にアクセスする方法【実践編】』『あなたの年齢は「意識」で決まる』（すべてフォレスト出版）、『富と宇宙と心の法則』『迷ったときは運命を信じなさい』（すべてサンマーク出版）、『富と成功をもたらす7つの法則』（角川文庫）などがある。

〈ディーパック・チョプラ 公式WEBサイト〉 www.chopra.jp

あなたの運命は「意識」で変わる

2016年7月2日　初版発行

著　者　ディーパック・チョプラ
訳　者　渡邊愛子　水谷美紀子
発行者　太田　宏
発行所　フォレスト出版株式会社
〒162-0824　東京都新宿区揚場町2-18　白宝ビル5F
電話　03-5229-5750（営業）
03-5229-5757（編集）
URL　http://www.forestpub.co.jp
印刷・製本　中央精版印刷株式会社

ISBN978-4-89451-717-2　Printed in Japan